激減する婚姻数になぜ向き合わないのか

まちがいだらけの少子化対策

ニッセイ基礎研究所
天野馨南子 著

一般社団法人 金融財政事情研究会

はじめに

筆者は2024年初現在、総務省統計局の「令和7年国勢調査有識者会議」構成員のほか、富山県の県政アドバイザー（人口減少分野）、石川県の少子化対策アドバイザー、高知県の中山間地域再興ビジョン検討委員会委員など、複数の自治体の人口減少問題に関する役職を拝命している。また、経済団体等では、東京商工会議所の少子化対策専門委員会の学識者委員（委員会アドバイザー）や、公益財団法人東北活性化研究センターの『『人口の社会減と女性の定着』に関する情報発信／普及啓発事業における検討委員会」の委員長を拝命している。

この状況を目の当たりにした旧知の友からは「一体どれくらい多くの土地とご縁があるの？」といった、いささか昭和的な質問をされるのだが、人縁地縁はほぼないという状況である。

しかし、このように地域に縁のない「よそ者」の筆者が、エリアの存亡をかけた根幹のテーマである人口問題に関わらせてもらっているということは、遅々たる歩みではあるものの、日本におけるダイバーシティー&インクルージョンの進歩を表しているともいえるだろう。

とはいえ、いくら何でも、地元をまったく知らない人に何の根拠もなく依頼があるわけではない。各自治体や経済団体からの依頼は、筆者が所属するニッセイ基礎研究所や執筆依頼団体のホームページ等から発信されたデータレポートならびにデータをもとにした講演会がきっかけとなっている。

たとえば前述の東北活性化研究センターは、筆者が福島県庁の依頼を受けて実施したダイバーシティー企業表彰式にて行った基調講演（福島県のデータ分析結果を多用）がきっかけとなった。講演会を聴講していた同センターの担当者の方が「目からウロコとは、まさにこのこと。認識と現状との大きな差に気がつくことができ、衝撃的だ。何としても事業を一緒にやりたい」と考えてくださったことがきっかけで交流が始まり、その3年後に事業として実を結ぶこととなった。

日本は先進諸国のなかでも移民比率が極めて低く、同質性の高い国であり、その傾向は地方ほど大きい。そのことが「察してくれるはず」「察しているはず」文化を日本に生み出していると筆者は感じている。これにはよい部分もあるが、「説明しなくても何とかなる」「相手を説得できなくても、旧知の仲といった関係性で押し切れる」「昔からの慣習を早急に変える必要性はないし、むしろ変革は面倒くさい」といった社会機運を蔓延させやすいという側面がある。

しかし第2次世界大戦後、約80年の時が経過し、その間に急速な教育水準の向上、法環境の整備、世界的な人権配慮・多様性理解向上の機運等、社会環境が激変している現在の状況下においては、たとえそれが同じ日本で同じエリアの空の下に立つ相手に対してであっても、「何となくよさそうと皆が感じそうなこと」といった感覚基準ではなく、しっかりとしたエビデンス（証拠）に基づく説明力の伴った判断が重要となっている。特に**国家存続の危機に直面しかねない日本の人口分野において、停滞した現状を動かし、結果を出す・効果を上げるためには、このエビデンスに基づく対策が不可避**という状況である。

国のオープンデータを読み解きながら筆者が示してきた数々の分析結果は、人口問題対策に関する重要なエビデンスとなったが、それと同時に、そのエリアにおける**「思い込みの強さ」と、その思い込みからくる「無意識の偏見（アンコンシャス・バイアス）」を浮き彫りにする**ことにもなった。この2つの要素は、膠着した現状を何とか打破したいと強く願う自治体や経済団体に強いインパクトを与えたはずである。それが多数のエリアからのオファーにつながっていると感じている。

筆者はなぜこのような研究を続けているのか。ここで伝えておきたい。

1点目は、筆者自身が第2次世界大戦後において2番目に出生数が多い、人口多数派の団塊ジュニア世代の生まれであり、世の中の多くの人（人口マジョリティー）が現状下において信じそうな思い込みについて、ある程度察しがつくということである。

そして2点目は、筆者は同世代のなかでみれば、統計的外れ値の家庭環境で育ったということである。今は当たり前となっているが、当時は圧倒的少数派であった共働き家庭で、しかも両親ともにハードな勤務医であった。現役医師として現在も活躍している母は、祖母とお手伝いさんとベビーシッターを駆使して3人の子どもを育てたが、周囲の見方は「彼女は特殊な人」であった。今となってはアカデミックハラスメント問題として訴えられかねない話として、当時の医学部教授からさえも「夫が医師なのに、君は結婚しても辞めないのか」「子どもが生まれたのに休業しないなど、お子さんがかわいそうではないか」「いいご身分だね」といった言葉をかけられたという。もちろんそのような言動を取る教授に対して「あまりにもひどいのではないか」と母の側に立って物申した教授もいないわけではなかったが、それが「社会正義」とはまったくならなかった世代がまだ、今の10代20代の若者の祖父母世代であることを我々は忘れてはならない。

ちなみに2024年現在、80代にある母の武勇伝というか、笑い話として「当時、看護師さんたちから『先生は男の先生たちよりずっと男らしくて、はるかにかっこいい』とよくいわれたものよ」といったエピソードがある。

そんな親元で育った筆者からみた同世代の男女の当たり前は、常に「普通」ではなかった。

同世代の男女の大半の生い立ちと違うことで思い悩むことはなかったが（周囲が筆者についてそう捉えていたかどうかは別として）、彼らが悩むことについては「その普通という思い込みをやめたほうがよいのでは」と常に息苦しそうに思えてならなかった。

そして、国のオープンデータ化が進められるにつれて、この半世紀の人生を通じて筆者が感じてきた「違和感」がまちがっていなかったことが、データ分析を進めるほどに明確にみえてきた。

この2点から、筆者は**多くの自治体や経済団体が現状抱いている悩みに強い共感を持っており、その悩みに「エビデンスとともに」寄り添いたい**と感じている。

本書を読み終える頃、講演会を聴講いただいた方々のように読者が「頭をハンマーで打たれたような衝撃だ。変わらねばならない。広めねばならない」「やっと自分の持ち続けていたモヤモヤが解消した。自信を持てた」そんな思いを抱いていただけることを願っている。

2024年5月吉日

天野　馨南子

【著者略歴】

天野　馨南子（あまの　かなこ）

ニッセイ基礎研究所　生活研究部 人口動態シニアリサーチャー

東京大学経済学部卒。1995年日本生命保険相互会社入社、1999年よりニッセイ基礎研究所出向。日本証券アナリスト協会認定アナリスト（CMA）。

専門分野は人口動態に関する社会の諸問題。総務省「令和7年国勢調査有識者会議」構成員等、政府・地方自治体・経済団体等の人口関連施策アドバイザーを務める。

人口問題（少子化対策・地方創生・共同参画・ライフデザイン）関連の講演実績多数。1年先まで講演予約が入る人気ぶりで、エビデンスデータに基づく分析、提言を精力的に行っている。

目次

第1章　少子化が進む本当の理由

第2章　古い価値観が招くアンコンシャス・バイアスの蔓延

目　次

目次

〈本書の留意事項〉

① 本書に含まれる内容は、筆者が執筆時点までの各種情報をもとに作成したものです。
② わかりやすさを優先するために、一部、省略・簡略化した表現を用いています。なお、統計等をもとにした数値は、表章単位未満を含んだ実数により計算している場合、表章単位で計算する場合と一致しないことがあります。
③ 意見に当たる部分は筆者個人の見解であり、筆者が所属する組織を代表するものではありません。

第1章

少子化が進む本当の理由

1

止まらぬ少子化の背景
——ＥＢＰＭが苦手なニッポン

人口減少に関する諸問題については喫緊の課題（国難）として様々な議論がなされているものの、残念ながら今の日本においては、統計的にみると極めて「誤解に満ちた」議論が蔓延しているように感じる。

なぜだろうか。

最も大きな原因と筆者が考えているのは、人口動態に関して発生している様々な現象を「定量的に考える」科学的な思考よりも、「定性的に考える」情動的な思考に陥ってしまい（定量的議論を回避しているというよりも、そもそも定量的な手法を思いつかないということもあるとは思う）、**エビデンスに基づく本質的な解決に取り組む土壌が培われてこなかった**からではないか、ということである。

「政策におけるエビデンスに基づく本質的な解決」は、ＥＢＰＭ（Evidence Based Policy

Making：エビデンス・ベースド・ポリシー・メイキング）として、その重要性が叫ばれてきた。だが、やはり人口問題については、漫然とデータを並べて説明はしているものの、それを証拠として政策の有意性を比較検討する、という演繹的な議論がデータをもとに行われているとはいいがたい。

筆者は団塊ジュニア世代であり、２０２４年現在の日本において最も人口数が多い、通称アラフィフ（50歳前後）世代の１人である。団塊ジュニア世代とは１９７１～１９７４年生まれの出生数が毎年２００万人を超えた世代を指す。第２次世界大戦後、最多出生数となった「団塊世代」（１９４７～１９４９年生まれで、毎年２７０万人超出生。２０２４年現在70代後半）の子ども世代を指して「団塊ジュニア」と呼ばれている。

つまり、多数決制のもとでは最も声が大きいグループで、よくも悪くも「社会のご意見番」となる世代ともいえる。ゆえに、社会の多数派が考えそうな、思いつきそうなことはだいたい察しがつく。筆者は１９９０年代に大学を卒業しているが、当時を振り返ってみると「人口問題」について強い課題意識を社会が持つことはなく、それを専門とする学府があるのかどうかさえ知る者がほとんどいなかった。

社会が「人口問題」を真剣にわが事として捉え始めたのはつい最近のことであり、今まで長きにわたってどの世代も多かれ少なかれ、「何とかなるのではないか」と思っていたのではないだろうか。また、出生減に関して課題意識があったとしても、それぞれの人がそれぞれの立場の「マイ統計」で語りながら、それをもって科学的に人口減が解決されるだろうと思い込んでしまっている状況にあった。そしてこのことが、国難ともいわれる日本の人口減少の未解決に、ほぼ直結しているということをここから解説したい。

2 出生率の不正確な理解と濫用

出生率は夫婦が持つ子どもの数ではない

いかに日本において不正確な認識で少子化問題が捉えられてきたか、それを示す筆頭格にあげたいのが「**合計特殊出生率に対する誤解の蔓延**」である。

メディア等で頻用されている「出生率、さらに低下」「ついに出生率が1・3へ」などといった文脈で用いられている「出生率」という表現は、すべて国が発表している「**合計特殊出生率**」（Total Fertility Rate：TFR）を指している。

しかし、そのような細かい呼び方や、ましてや測定方法まで気にかける人は決して多くはなく、この合計特殊出生率（以下、「出生率」と表記）のことを「夫婦が平均的に持つ子どもの数」だと誤解している人が後を絶たない状況となっている。

出生率が1・3と聞くと、まったくの印象論で「何と、夫婦が1・3人しか子どもを持たなくなったのか。もっと夫婦が子どもを持てる・持ちたいと思えるような子育て支援が何より大切だ！」というように、すぐに子育て支援問題、つまり夫婦問題に直結させて考える読者が多いのではないだろうか。

実際、コロナ禍発生以降において、大手出版社でたくさんの社会分野の出版本を扱ってきた担当者のなかにさえも「単純に夫婦の持つ子どもの数だと思っていました」と衝撃を受けている人がいるほど、珍しくない誤解の1つとなっている。ただ、印象としては、誤解しているというより、「漫然とイメージしていて深く考えたことがない」というのが一般的な実態であるように思う。いい換えれば、日本においては少子化＝出生減という課題を軽視し、しっかり向き合ってこなかった（危機感がなかった）ともいえるだろう。

残念ながら、出生率は「夫婦が持つ平均の子どもの数」ではない。そして、この誤解の蔓延こそが、日本の少子化という事象への根本的な理解（イメージ）を歪ませ、少子化政策の在り方と有効性を大きく低下させてきたともいえる。

出生率は「未婚女性」を含んだ指標

出生率は、その時代に生きる「全女性」が、結婚の有無に関係なく、生涯に持つであろう1人当たりの子どもの数を表す予想平均値、つまり女性1人当たりの持つ子どもの数の指標である。

移民割合が僅少な日本のような国（注1）においては、人口の未来を占う指標として出生率は有効である（**図表1－1**）。日本の人口が中長期的に減少していかないためには、出生率が2・06〜2・07程度あれば、つまり**女性が1人当たり生涯に2・06〜2・07人の子どもを授かれば、親世代とほぼ同数の子世代をキープすることができる**と計算されている（注2）。

このような親世代と同水準の子世代人口を維持できる出生率を「**人口置換水準**」という。ここで「世の中には男性と女性しかいないのだから、女性1人が2人産めば、女性自身とそのパートナーとなる男性が維持できて十分なのではないか」つまり「小数点以下の0・06や0・07とは何なのか」と考える人もいるだろう。

この人口置換水準は次の2つの要因で変動する。

図表1－1　日本における出生率の推移（1960～2022年）

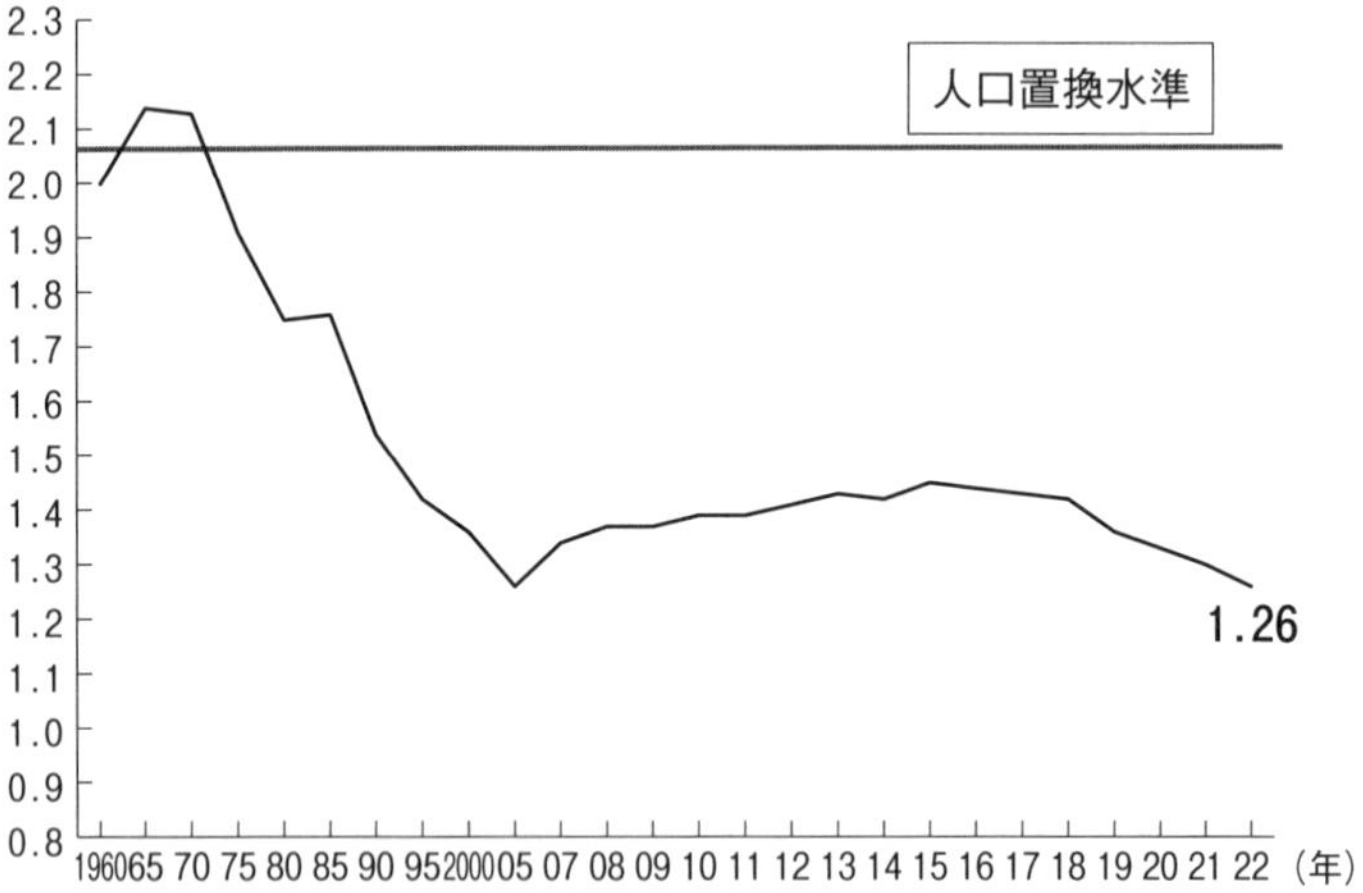

出所：厚生労働省「人口動態調査」より筆者作成

❶　15～49歳（統計的にみて出産可能期）に当たる女性人口の死亡率

❷　生まれてくる子どもの男女比

まず、女性人口の死亡率であるが、パートナーとの間に子どもを授かる前のタイミングで、女性が病気・事故・災害等に見舞われて亡くなるといったことがあると、子孫となる人口はその女性が授かるはずだった分だけ減少してしまうため、残りの女性が1人当たりで多く授からねばならなくなる。次に、生まれてくる子どもの男女バランスが悪い場合、のちのカップリング数が減少し、「親世代となる人口の子どもの数×1／2」をカップル数が下回ることになる（一夫一婦制を前提）。また、男児ばかり多く生まれると、男性は成人しても妊娠・出産ができないため、子世代の女性は1人当たりで多く授かる必要がある。

なお、医療先進国では女性の死亡率が医療後進国よりも低くなるために、人口置換水準は低くなる。また、女性が他の国よりもやや高い割合で生まれる国があるならば、その国の人口置換水準は低くなる傾向がある。

いずれにしても、日本の出生率は1993年に1・46となって初めて1・50を下回り、1994年は1・50となったものの、1995年以降は1・50を継続して下回っている。**2022年は1・26まで低下しているため、親世代の人口維持どころではない水準となっており、中長期的に日本の人口はどんどん減少していくことが確実な情勢**である。

出生率の計算方法

次に、具体的な出生率の計算方法を説明し、出生率とは一体どういう仕組みでその値が上下するのかについて正確な理解を深めたい。

出生率は、15～49歳（統計的にみて出産可能期）の女性で、そのエリアに居住する人を対象に、1歳ごとに各歳出生率を「X歳女性の出生数／X歳女性数＝X歳の出生率」で計算し、15

図表1－2　出生率の計算イメージ（X歳女性の出生率）

（注）この計算を15～49歳までのそれぞれの年齢で行い、すべてを足したものが出生率（合計特殊出生率）である。

歳の出生率から49歳の出生率までを足しあげることで算出する。

ここで重要なのは、日本では**婚外子比率が長期的に2％台と非常に低く、子どもはほぼ既婚女性から出産されている、**という点である（注3）。いわゆる「授かり婚」といわれる赤ちゃんも、妊娠が判明した後、婚姻届を役所に提出してから出産、といったケースが大半という状況にあるため、授かり婚による出産もほぼ婚外子には当てはまらない。

したがって、未婚女性から生まれる赤ちゃんはほぼ0、すなわち未婚女性出生率は0とみなしても計算上に支障はない。そのため、未婚女性の割合が分母において高くなればなるほど、出生率は低く算出される。つまり**出生率は、計算構造上、既婚女性と未婚女性の人数の割合によって大きな影響を受ける**ことがわかる。

出生率は多くの人がイメージしがちな「夫婦が持つ子どもの数」という指標ではそもそもないため、出生率が低下した場合、分母の未婚女性割合が増加した影響もあるのではないか、というケースも当然ながら想定しなければならない。ゆえに、既婚男女（注4）への妊活支援・子育て支援といった「カップル形成後の対策」が、出生率低下に最も有効かどうかは、この指標の高低だけでは語ることはまったくできない。

繰り返しになるが、**図表1－2**からわかるように、出生率は（日本のような移民割合が極端に少ない国のエリア単位においては）、**「未婚女性の割合」「既婚女性1人当たりの出生数」**という2つの要因に影響される（注5）。

さらに理解を進めるために、**図表1－2**に仮の数字を当てはめて試算してみよう（**図表1－3**）。

X歳女性について、分母における未婚女性の割合が増加すれば、既婚女性1人当たりの出生数が同じであっても、出生率は**図表1－3**の〈ケース1〉から〈ケース2〉のように低下する。〈ケース1〉の出生率は0・25であるが、〈ケース2〉の出生率は0・17と、0・08ポイント下がっている。

筆者は人口減が激しい地方部に招かれて講演することが多いが、市町村会議において「A町の出生率は1・50だが、B町は1・42である。B町の子育て支援策は何が不足しているのか」といった議論がまかりとおっている自治体はいまだに少なくない。しかし、**図表1－3**のよう

図表1－3　出生率への未婚女性割合の影響

〈ケース1〉

未婚女性の割合1/2
既婚女性10人当たりの出生数は5人

出生率＝5／(10＋10)＝0.25

〈ケース2〉

未婚女性の割合2/3
既婚女性10人当たりの出生数は5人

出生率＝5／(10＋20)＝0.17
(未婚女性の割合が増加することにより出生率は低下)

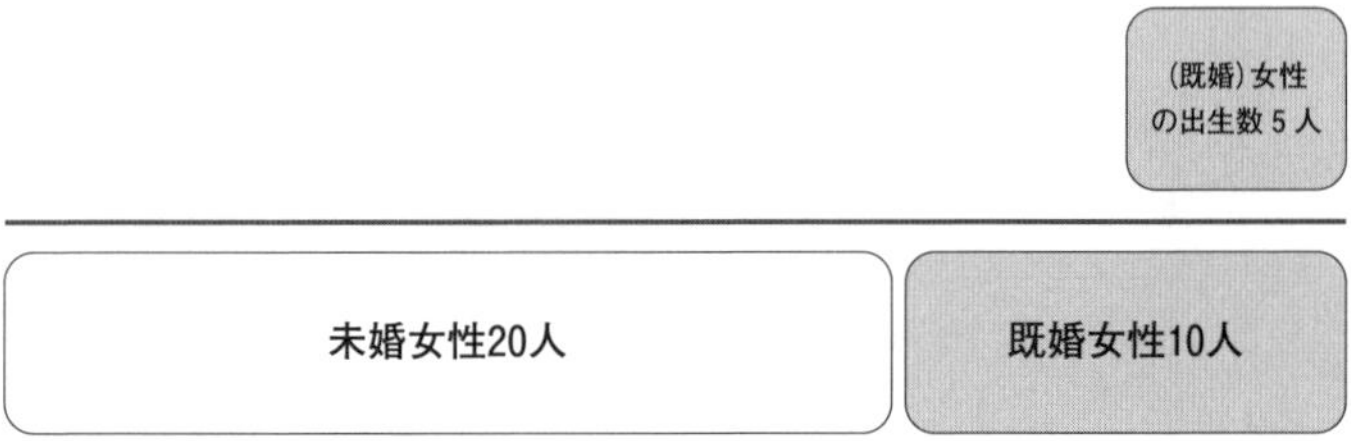

(注)　この計算を15～49歳までのそれぞれの年齢で行い、すべてを足したものが出生率（合計特殊出生率）である。

なケースでは、既婚女性1人当たりの出生数は不変であるため、支援すべきはそこではない、となる。実はこのA町とB町の議論にはそれ以外にも突っ込みどころが満載となっている。誤解に基づくその他の議論の正体についても、本書を読み終えた頃には読者はすべて正確に理解することになるだろう。

3

夫婦当たりの出生数は微減だが、婚姻数が激減

日本は移民割合が非常に低い（2％程度）ことから、日本の少子化、すなわち出生数の大幅減は「出生率が低下したから」であることはまちがっていないとして、「未婚女性の割合」「既婚女性1人当たりの出生数」の2要因のうち、どちらが強く出生減に影響している（もしくは同じ程度影響している）のだろうか。

結論から先に述べるならば、統計的にみれば**「未婚女性の割合」の上昇が日本における少子化の決定的な要因**となっている。

この説明は、これまで出生減に深く携わってきた人々ならまだしも、そうではない人にとっては、意外な結論だろう。

つまり、日本においてこれまで「出生率の高低を動かす2要因」を計量的に分析したうえで、少子化対策の優先順位や方向性を検討してこなかったことが、日本の止まらぬ人口減少を

図表１－４　1970～2022年における出生数、婚姻数の時系列データ相関分析

（人、件）

年	A 出生数	B 婚姻総数	C 初婚同士	再婚同士	夫再婚・ 妻初婚	夫初婚・ 妻再婚	A／B	A／C
1970	1,934,239	1,029,405	914,870	32,776	52,846	28,913	1.9	2.1
※								
2022	770,759	504,930	377,804	47,523	46,478	33,125	1.5	2.0
2022／1970	40%	49%	41%	145%	88%	115%		
出生数推移との相関係数	—	0.94	0.97	−0.74	−0.33	−0.47		
判定	—	強い正の相関	強い正の相関	強い負の相関	負の相関がある	負の相関がある		

※1970年から2010年は５年ごとのデータ、2010年以降は毎年のデータの時系列データ

出所：厚生労働省「人口動態統計」より筆者分析

招くことになっている。なぜなら、思ってもみないことを原因とする事象に対応して、適切な対策を決定できる人などいないからである。

そこで、まず日本の出生数が大幅に減少している実態（少子化）について、正しくデータで把握する必要があるので、最もわかりやすいデータを図表１－４に示したい。

今から約半世紀前の１９７０年における出生数は１９３・４万人である。１９７０年は第２次ベビーブームと呼ばれる１９７１～１９７４年の前年であり、比較計算上、前後の年の出生トレンドと対比して特に過大な出生数の年ではない。

その52年後となる２０２２年には出生数は77・1万人にまで減少し、52年間で40％水準（つまり60％の減少）となるような出生数の大幅減が、日本の少子化の現状である。そこで、婚外子割合が僅少であることを踏まえて、この出生数を生み出した婚姻数の増減状況と出生数の関係をみてみたい。

婚姻数をみると、１９７０年は１０２・９万件、２０２２年は50・５万件と、実はこちらも49％水準（51％減少）と大幅減していることがわかる。１９７０年と２０２２年との単純な２時点間の比較だけではなく、52年間の時系列同士の相関係数も併せて算出したところ、０・94（1・0が完全に2データが連動増減していることを示す）と、出生数と婚姻数は非常に強い正の相関があることが示された。統計的には「婚姻数が49％に減ったから、出生数もそれに強く連動して40％に減った」という結果である。

さらに、近年は離婚が増加したことにより、再婚者を含む婚姻（初婚同士以外の婚姻）が婚姻数全体の4分の1程度を占めているが、再婚者を含む婚姻は、**図表1－4**における時系列分析での結果をみると、「再婚同士」「夫再婚・妻初婚」「夫初婚・妻再婚」の3パターンのいずれも出生数と負の相関係数となっている。つまり、**再婚者を含む婚姻では新たに子どもを持たない傾向が強く**、出生数の変化と再婚者を含む婚姻の数の変化は、中度から強度の負の相関となり、**再婚者を含む婚姻が増加するほど、出生数が減少する**という連動傾向が示されている。

　このため、出生数にマイナスの関係を持つ再婚者を除いた「初婚同士の婚姻数」と出生数の変化の関係を改めて計算してみると、初婚同士婚姻数は１９７０年の91・５万件から２０２２年の37・８万件と41％水準（59％減少）となり、出生数の減少水準の40％水準（60％減少）とほぼ下落率が一致する。両データの相関係数は０・97と極めて高い水準となっていることも判明した。

　一方、「夫婦の持つ子どもが減ったせいで少子化したのだ」と思われてきたことが本当なのかを検証するデータが、**図表１－４**のＡ／Ｃで、出生数を初婚同士婚姻数で割った数（マクロでみた夫婦当たりの出生数）である。１９７０年は２・１、２０２２年は２・０であり、再婚者を除く夫婦当たりの子どもの数のマクロ水準は約半世紀前の96％水準を維持できている。

　マクロでみるならば、この半世紀において結婚したカップルの間の子どもが大幅に減少したから出生数が約４割水準にまで落ち込んだのだ、とは、とてもいえない結果となっている。

　また、夫婦が持つ子どもの数については、筆者の分析結果以外にもう１つ、国立社会保障・人口問題研究所が定期的に実施している出生動向基本調査の「完結出生児数」（結婚持続期間が15～19年の初婚同士の夫婦が持つ最終的な子ども数の平均値）も、同様の結果を示している。１９７２年の完結出生児数が２・21であるのに対し、２０２１年は１・90となっており、86％という高い水準を維持している。

つまり、**夫婦当たりの子どもの数は半世紀前の約9割水準をいまだに維持できているのに、日本の出生数は4割水準にまで落ち込んでいる**状況である。これらのデータから、**日本の出生数大幅減、すなわち深刻な少子化の主因は「婚姻数の大幅減」、いわゆる「未婚化」**であることが明確である。

まさに**「初婚同士のカップル成立なくして、出生なし」**が日本の状況である。

このことへの理解を国民的に周知徹底しなければ、少子化対策の効果は限定的である。そればかりか、誤解に基づく危機感から効果のないところにばかり、思い込みで人的・経済的資本が大量投入されることにもなりかねない。

Column

知っておきたい解決手法

帰納法と演繹法

「あのうちはお母さんが病気がちだから、お子さんが偏食で痩せているのだ」と近所の人が思っていたとしよう。近所の人たちは母親に受診を勧めたり、子どもに食べ物を届けたり、直接的な母子への支援を一生懸命考えるかもしれない。それが「想定している原因」だからである。

しかし、お母さんが病弱にみえるのは「パートナーからの激しいモラルハラスメント」が原因だったらどうだろうか。表面にはみえていない、「思ってもみないこと」が原因なので、本来対処すべき「母親がパートナーとの関係を見直し、メンタルの健康を取り戻すための措置を取る」ことを勧める人はまずいない。しかし、これが実施されなければ、この母子の問題が解決することはない。むしろ、近所からの表面的な支援が、母子の「パートナーからのモラルハラスメント」への表面的な耐久度を高め、逃避や対峙の決断を鈍らせる可能性すらある。

このケースでは、「母親が病弱」「子どもが偏食で痩せている」という情報を並列で集めて「母子を応援」が、帰納的な解決法である。一方、演繹的な解決法では「子どもが偏食な理由」の上流が「母親の病弱」ならばその上流の原因を模索する。「なぜ母親の病弱が発生しているのか」と上流原因を探るとともに、「子どもが偏食で痩せているのは本当に母親のせいなのか」と因果関係の反証を探る考え方も加味される。

長期にわたって解決しない問題は、帰納法によって対策され、演繹的な対策が打たれていないケースが少なくない。

4

女性人口減の倍速で進む婚姻減

婚姻減が少子化の原因であると説明すると、「カップル数が大きく減ったのは、人口が減っているから当たり前ではないか」といわれることがよくある。「あなたの感想」レベルの意見ではないか、ここで確認しておきたい。

1970年と2020年の国勢調査を比較すると、出生率の計算対象となる15～49歳の女性人口は2980万人から2430万人への減少にとどまっており、半世紀前の82%水準を維持している。つまり、**出生率の計算対象となる女性人口は半世紀前の82%水準を維持しているにもかかわらず、初婚同士婚姻数は1970～2020年の半世紀で43%水準にまで大幅に減少**している。成婚かつ出産可能なはずの女性人口母数と成婚数との間の減少格差が極めて大きい状態であることがわかる。

つまり**この半世紀で、出産の対象となる女性人口の減少スピードのほぼ倍速で婚姻数の減**

少、すなわち未婚化が進んでいる状況に日本はある。このような統計的実態があるなかで、自らが若かった時代の価値観や社会状況を前提とした「結婚はしていて当たり前」というアンコンシャス・バイアスから、少子化対策は「結婚している男女の子どもを増やす応援」と考えてしまうと、妊活支援や子育て支援など既婚者支援メニューばかりが少子化対策として並ぶことになる。これらは確かに「夫婦当たりの子どもの数」（出生数／婚姻数）の維持策としては良好な結果を生み出してきた。しかし、出生数という、夫婦当たりの子どもの数に婚姻数を積算する指数の維持・増加を目指さねばならない少子化対策としては、まったく奏功してこなかったのは当然だといえるだろう。

以上、日本における人口減少の真因が「未婚化」にあることを解説した。もちろん、夫婦当たりの子どもの数が半世紀前と比べても非常に高水準で維持できているのは、これまでの「子育て支援」対策が奏功しているからといえる。

しかしながら、この**「子育て支援発想」こそが「未婚化によって出生数が大幅減していく少子化社会」において、伝家の宝刀として、少子化対策を根本的に解決する手段とはならない**ことを社会全体で認知しない限り、統計的にみて日本の出生減が止まることはない。

時折「いつになったら出生率の低下は収まると思うか」という不思議な質問を講演会の聴講者から受けることがある。

大学受験において、「未婚化」という配点が極めて高い科目の対策をせずに、得意な「結婚できた人向けの子育て支援」科目の勉強に励んでいる状態で、どうして合格（出生率の上昇）の未来があると思えるのか、不思議でならない。

Column

知っておきたい人口の基本

LLF（超低出生率）とは

出生率で考える場合、どの程度の水準が人口を維持するために危険な水準といえるだろうか。

諸説あるものの、人口学分野の論文からは、（女性）移民が一定程度いるケースとほとんどいないケースで分かれている。

❶ 一定規模の若い女性の移民流入（超過）が継続的にあるカナダのような移民政策を取っている国の場合、そのエリアにおける未婚女性割合が継続的に高くなるために出生率が低く抑えられる。

しかしその一方で、出生率はあくまでも女性1人当たり指標であり、「出生数＝15～

49歳女性人口数×出生率」であるので、出生数は多くなる傾向がある。そのため、人口回復が難しいとされる水準は「1・3を長期に下回る場合」とかなり低くなっている。

❷日本のようにほとんど女性移民が母数に影響しえないレベルの国では、出生率が「1・5を長期に下回る場合」と高くなっている。

2・0を切る低出生率（Low Fertility：男性人口の分を女性が出産しない状態）の先進諸国は多いが、そのなかでも日本は人口回復が難しいとされる超低出生率（Lowest Low Fertility：LLF）を1995年以降継続させている。その状況を知ってイーロン・マスクのように「日本人は消滅する（cease to exist）のか。悲しいことだ」と嘆く日本通のビジネスパーソンも世界には少なくはない。そのようななかで、日本ではこの「日本人の絶滅危惧種指定状態」があまり理解されていない。「一億総平和ボケ状態」ともいえる社会機運こそが、日本の人口減の元凶ともいえるのかもしれない。

（注）1　後述するが、出生率は日本において、国単位であればその高低での少子化測定が可能（有効）であるが、都道府県・市町村単位では少子化度合いの測定に有効ではない指標となっている。

2　国立社会保障・人口問題研究所「日本の将来人口推計」等に記載。
3　2021年の非嫡出子数は1万8602人で、総出生数の2・3%。
4　結婚後に離婚したかどうかは未婚割合とは無関係。統計上、未婚者は離・死別者と区別されている。
5　都道府県以下の自治体単位においては、エリア内の未婚者割合と既婚者の出生動向、ならびに未婚割合を上下させる女性の人口移動、の3つの要因となる。

第2章

古い価値観が招く
アンコンシャス・バイアスの蔓延

1

「子育て応援話にしておけば炎上しない」という逃げの政策

第1章において、「日本の人口減少＝少子化」の解決には「未婚化社会への対策」という視点が必要不可欠、かつ最優先である、と述べた。

「少子化対策では未婚化社会への対策よりも子育て支援のほうが優先ではないのか」といった考え方は、統計的にみれば典型的な思い込みからくる、いささか感情的な意見ともいえる。しかし、子育て支援の議論のほうが未婚化問題の議論に比べて、「人気を取るため」の意見として活用されることが極めて多く、多くのメディアや政治家が飛びついてきた。一体、なぜだろうか。

誰しも子ども時代があり、子ども問題に関してはすべての人が自分事としての経験値がある。一方、未婚化問題は経験者と未経験者に分かれるため、イメージしにくいという問題が起こる。イメージの限界が能力の限界、といった言葉もあるが、イメージできないものを問題視できる人は限られている。

つまり、人気取りを考えるならば、とりあえず子どもの話は多くの人々に関心を持ってもらいやすい。また、子どもは体力的にも立場的にも社会的弱者にあるため、問題解決の真因かどうかは別として、「子どもを大切にしましょう」といっておけば、炎上しにくいというメリットもある。

しかし、これが未婚化問題となると、話が違ってくる。

特に現在、中高年の人ほど、結婚が今ほど統計的にみて難しくない「総婚」時代にあったことから、少子化問題の真因としてイメージすることが難しい。また、「結婚していて当たり前」というイメージから、結婚の話をするなんて「マジョリティーの〝上から目線〟の意見にみられないか」「叩かれないだろうか」「ハラスメント扱いされないだろうか」といった炎上対策の視点で、および腰になるメディアや政治家、評論家は少なくなかった。筆者のもとにも数多くのメディアや経営者、学者などから、炎上を恐れる声が寄せられてきた。

2

未婚化の原因を決めつける確証バイアス
——微減にとどまる結婚希望

「結婚していないこと＝結婚したくない」ではない

未婚化が日本の少子化、すなわち人口減の主たる原因であること、つまりは「カップルの成立なくして、出生なし」という状況を理解したうえで、筆者の講演会の聴講者などから必ず出てくる質問がある。

「確かに、自社の職場を思い返すと、独身の30代以上が大変多くなった。しかし、結婚したくもない人に『結婚しろ』というとハラスメント問題になる。どうしたらよいのか」

これは、経営者や人事部門の方が持つ共通の悩みのようである。また、自治体関係者やメディアの方からよく出る質問として、「結婚したくない人が増えたからには、どうしようもないのではないか」といったものもある。

一見、正論に思えるこういった質問に関して、気がつかなければならないことがある。

職場や社会において結婚していない男女がいるということは事実であるとして、その男女が「結婚したくない」のか、というと必ずしもそうではない。

結婚していないことと、したくないことを自動的にセットとして捉えること自体、実はアンコンシャス（無意識）なバイアス（偏見）の1つである。

かつてあるメディアが、「生涯未婚率」（統計上の当時の表現であり、現在は「50歳時未婚割合」と呼称される）が1995年の国勢調査以降に急増しているグラフを用いて、「これほどまでに結婚したくない人の割合が増えているのに、結婚応援とはハラスメントだ！」といった記事を大々的に掲載したことがある。しかし統計上、50歳で一度も婚歴がない人の割合が多いからといって、それが本人の結婚意思とどう関係しているのか（結婚したくないから結婚していないのか、結婚意思があるものの結婚する機会に恵まれていないのか）はわからない。未婚者割合増加データ以外のデータはその記事になく、つまり、未婚化の原因を説明する科学的説明（エビデンス）のない、記者の感想レベルの記事となっていた。

これこそ「一見、人の気持ちに寄り添っている意見のようにみえて、本人の思い込みを押しつけたにすぎない」、**思い込みによる確証バイアス**の典型例である。確証バイアスとは、いいたいことをいうために都合のよいデータだけを用いて説明をする、あるいは背後にあるデータに迫ることなく結論づけるといった行為を指す。この確証バイアスは、少子化問題に関して少なからず見受けられる。

第1章でも述べたとおり、日本はエビデンスに基づく社会現象への科学的なアプローチが不足してきたために、急速な出生減が止まらなくなっていると筆者は考えている。科学的な思考が不足している社会においては、こういったアンコンシャス・バイアスに基づいて示されるエビデンスの提示方法に疑問を呈する声があまりあがらず、確証バイアスに基づく誤った解釈がいかにも事実であるかのように広く伝わってしまう傾向がある。

結婚意思の変化では婚姻数の大幅減を説明できない

国立社会保障・人口問題研究所が定期的に実施している、日本における出生に関する最大のアンケート調査が「出生動向基本調査」（注1）である。直近では2021年に第16回調査が実施され、歴史ある調査の1つとなっている。

本調査の「独身者調査」では、18～34歳の未婚（結婚歴がない）男女の結婚意思について継続的に調査している。「なぜ34歳までに限定して、35歳以上は調査対象としないのか」という疑問を持つ人もいるかもしれないが、これには統計上の妥当な設定根拠がある。

1年間に提出される初婚同士男女からの婚姻届において、男性ではその8割以上、女性では9割以上が35歳未満（厚生労働省「人口動態調査」２０２２年実績値）の男女の婚姻となっているからである。こちらもアンコンシャス・バイアスにより誤解されがちなデータの1つであるが、「平均」初婚年齢が年々上昇しているからといって、結婚の多発ゾーン年齢（適齢期）が高齢化したわけではない。日本の平均初婚年齢は、かつては多くなかった高齢者の結婚（統計的外れ値）が増えていることにより大きく引き上げられており、統計的には初婚同士の結婚の平均年齢と最頻値（ピーク）年齢が男性は4歳、女性は3歳、高齢に乖離している（平均年齢が最頻値年齢より高い）状況にある。

つまり「出生動向基本調査」は、結婚という事象が主に発生している年齢ゾーンに対して意識調査を実施することで、より合理的な結果が出やすい設計になっているといえる。保育園の利用意思や利用感を保育園がなかった時代の高齢者に聞く、といったような失敗をしないようにしている、というとわかりやすいかもしれない。

「出生動向基本調査」では結婚意思について「自分の一生を通じて考えた場合、あなたの結

図表2－1　18～34歳の未婚男女における結婚意思がある（「いずれ結婚するつもり」と回答）割合

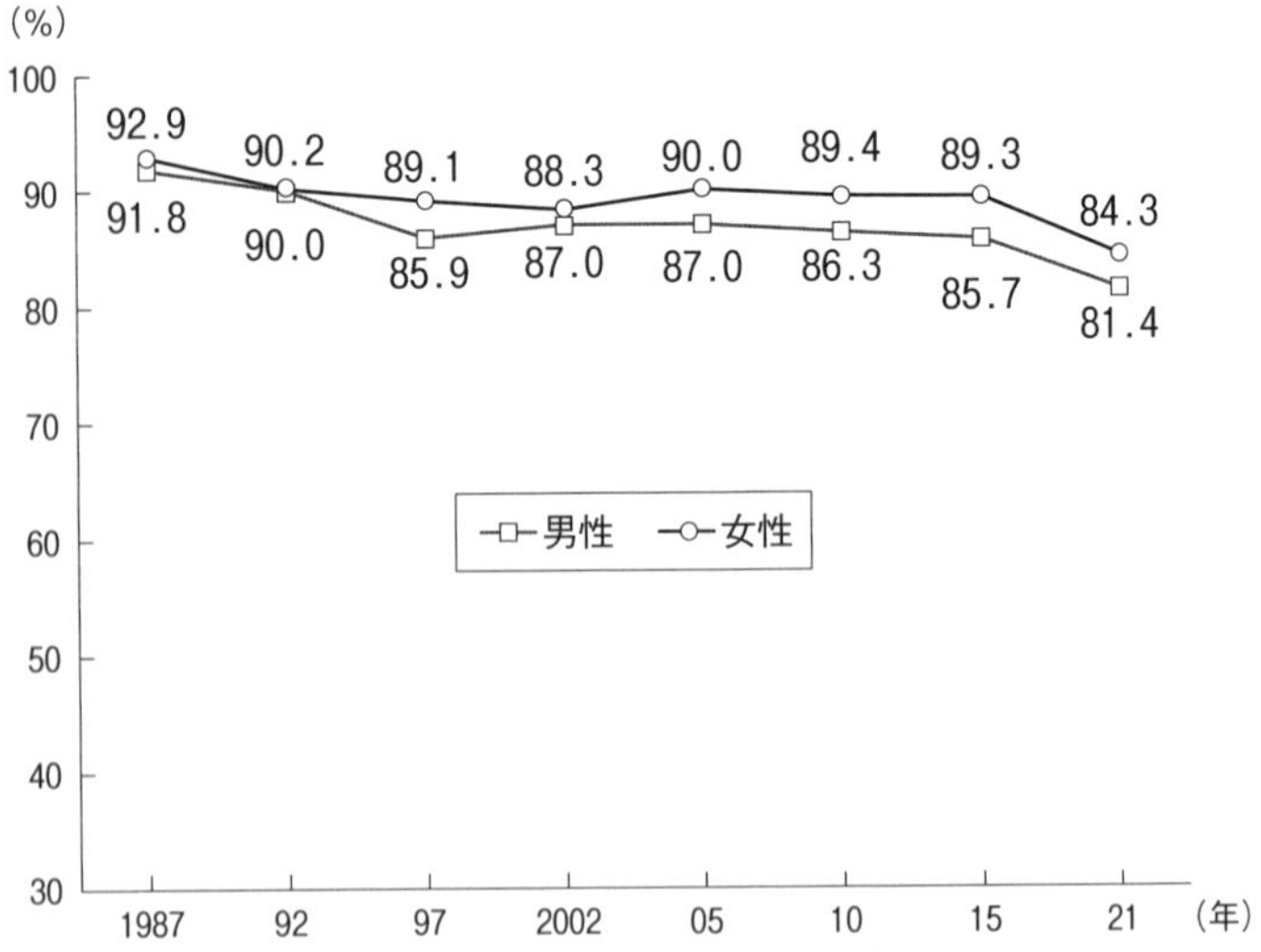

出所：国立社会保障・人口問題研究所「出生動向基本調査」より筆者作成

婚に対するお考えは、次のうちどちらですか」と尋ねており、回答は「いずれ結婚するつもり」「一生結婚するつもりはない」の2択となっている。

2021年の調査結果でも、男女ともに結婚意思は8割を超えている（図表2－1）。

34年前の1987年の結果と2021年の結果とを比較すると、結婚意思がある割合において、男性は89％水準、女性は91％水準をキープしている。つまり、日本の若い男女の結婚への意思が激変したという結果は導かれてこない。

その一方で、1987年の初婚同士婚姻数は57・2万件、2021年の初婚同士婚姻数は37・1万件であるので、こちらは同期間で65％水準にまで下落している。つまり、結婚意思のデータを用いて「結婚したくない人の割合がわずかに上昇したから、結婚していない人が大きく増えた。結婚希望の低下によって未婚化が進展したのだ」という結論を導くことはできないことがわかる。むしろ丁寧に結婚意思の変化と婚姻数の変化の2データを読み解こうとするならば、**「結婚意思は大きく変化していないのに、なぜこんなにも結婚希望が実現しなくなっているのか」**を科学的に説明する必要があるといえよう。

Column

知っておきたいデータの読み方①

平均の罠

「平均」は非常に繊細な指標である。読みまちがえるとあらゆるイメージを歪めてしまうため、ここでは少し極端な事例を用いて説明してみよう。

たとえば年収200万円の人が100人いる町があったとしよう。この場合、町民の合計年収は「200万円×100人＝2億円」で、2億円を100人で割った200万円が

「平均年収」となる。このケースでは年収２００万円が「町において最も多い年収ゾーン」「町の人々の真ん中あたりの年収」というイメージでまちがっていない。

こういったイメージで平均を「最も多い（最頻値）」「真ん中（中央値）あたり」と勘違いしてイメージする人が一般的には少なくない。

しかし、この町に年収２０００万円の人が10人移住してきたらどうなるだろうか。

２００万円×１００人＋２０００万×10人＝４億円

４億円÷１１０人＝３６３・６万円

この３６３・６万円という平均値を根拠にして、「町の人々は昨年より平均年収が１６０万円以上も上がって、町民が豊かになった！」と町長が発表することは明らかにまちがっていると誰でもわかるだろう。

平均は「みんながだいたいそのあたりである」という意味でも、「一番多いゾーン」という意味でもないので、数字の取り扱いやイメージングにおいて非常に気をつけなければならない危険な数値である。「平均は大きな数にひっぱられる」と覚えておくとよい。

ライフデザインにおいては特に、平均値をよりどころにして決定することは回避したほうがよいだろう。

「2人」が目指すゴール（夫婦像）の違いが顕在化

昔と比べても依然高い結婚希望（意思）はあるものの、結婚に進まない（進めない）という状況がデータからは示唆されている。

しかし、ここで単純に「結婚応援が必要だから、マッチングアプリがよいのか、お見合いがよいのか、それとも自治体のイベントがよいのか……」といったマッチング方法論にいきなり飛びつくのも、あまり科学的な議論とはいえないだろう。

なぜだろうか。

たとえば「町でよく火事が起こるようになった」のなら、「消火器の配布数を増やすか、消防車を増車するのか、それとも見回りを増やすのか」といった議論は必要ではあるだろう。しかし、まずその前に「どうして前よりも火事がよく発生するようになったのだろう」という視点が防災の観点からは必要不可欠である。

未婚化も同様で、**結婚が成立しにくくなっている社会において、そもそも結婚という言葉が持つイメージが今と昔ではたして同じなのか**、という検証が併せて実施されないと、応援の方向性がまたしても炎上の火種となりかねないことに注意しなくてはならない。

たとえば、自身が結婚した時代の結婚観を持ったまま、今の若者にアドバイスをしたり、応援する仕組みを考えたりしたとしても、当事者である若い男女にとっての目指すべきゴール（カップル像）のイメージが応援者と異なれば、応援が逆にハラスメントとなったり、思うような効果があまり出なかったりといった結果につながりかねない。

そこで、筆者は講演会などで企業の経営者や人事担当の方から多く質問される「（従業員への）結婚応援がハラスメントにならないか」という質問に対して、「ハラスメントとならないような結婚応援とするために、今の若い未婚男女のライフデザインの希望にこれまで以上に耳を傾ける必要があります。それは同時に、御社の若手人材確保・人材活用にも大いに役立つでしょう」と説明している。

実は、この説明は多くの地方の企業経営者にとって看過できない内容となっている。

１９９７年から続く東京一極集中（東京都への絶え間ない転入超過による人口集中）の結果、人口の大幅な社会減（転出超過）が起こっている地方では人手不足をどうしたら緩和できるのかと苦戦している企業が大半となっている。人口動態の実態をみると、たとえば九州のある県では、あまりにも20代の男女が転出超過して地元からいなくなっているために、仕方なく40代後半から60代前半の独身の男性人口を県外から集めて雇用を何とか維持している姿が窺い知れる。しかし、この年齢ゾーンの人口は次世代人口の形成（家族形成）には、婚姻統計上寄与できないため、人材確保の自転車操業が続いていくことになる。

では、若者の結婚イメージはどのように変化した（もしくはしていない）のだろうか。

前出の国立社会保障・人口問題研究所の「出生動向基本調査」では、18～34歳の未婚男女の「理想とするライフコース」（女性）、「パートナーに希望するライフコース」（男性）を継続的に調査している。今の中高年世代が若く独身だった頃の理想の夫婦像と、今の若者の理想の夫婦像の変化をみることができる極めて貴重なデータであり、まさに**ライフデザインの「激変」が世代間で発生している**ことを明確に示している（図表２－２）。

１９８７年調査の回答者は、２０２４年現在55～71歳の男女である。50代以上といえば、企業においては主に部長などの管理職層、もしくは経営者層といった男性とその妻に該当する。その世代の若かりし頃のライフデザイン（夫婦の在り方の理想）を１９８７年調査は示している。

今の50代以上の男女が若い頃に理想とした夫婦像は、専業主婦コースが男女ともに多くの支持を受けており、男性の約４割、女性の約３割が理想としていた。一方、子育て期も妻が仕事を辞めない「両立コース」は、男性では1割、女性も2割弱しか理想としておらず、人気がない夫婦像だった。

〈未婚男性がパートナーに望むライフコース〉

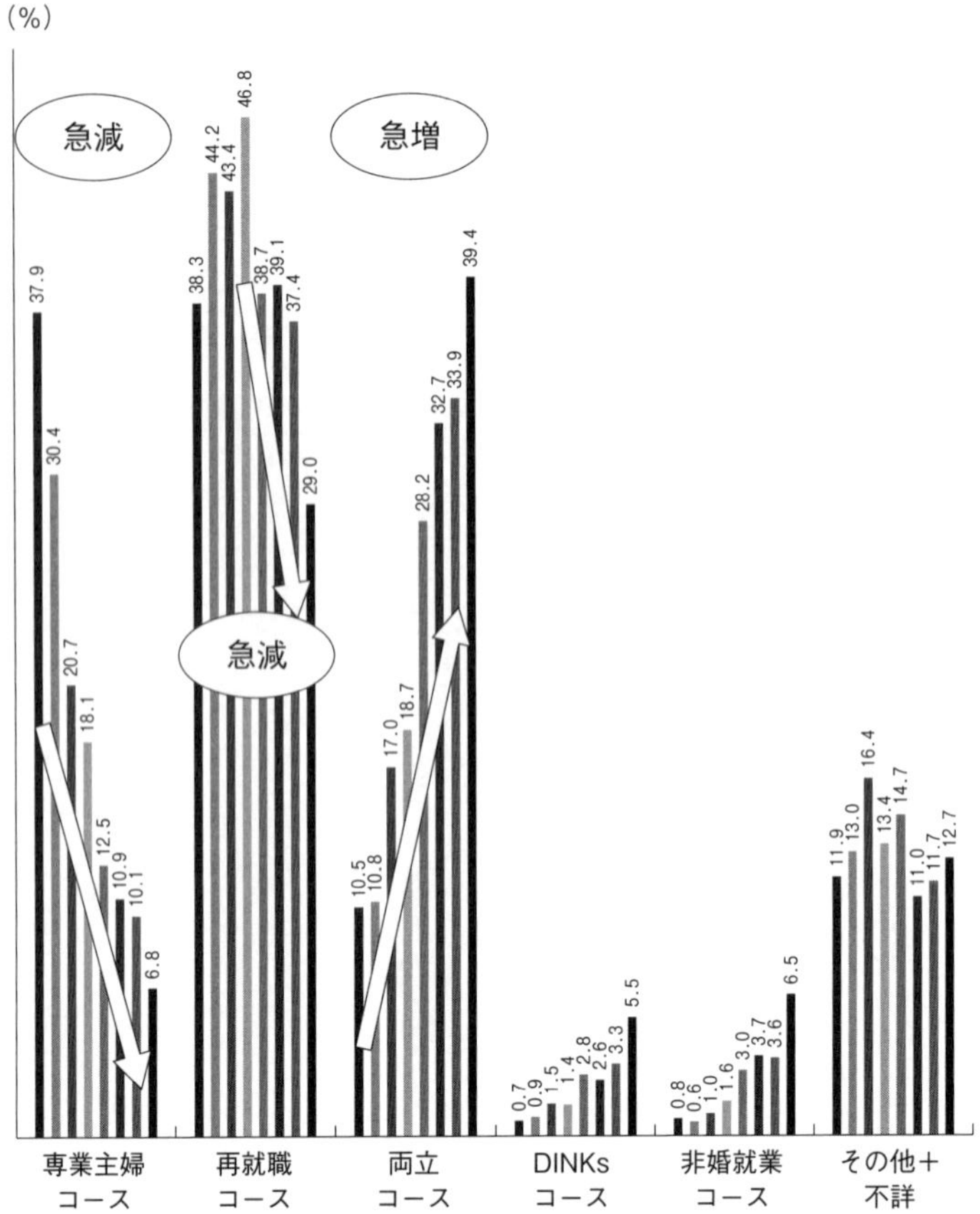

退職し、その後は仕事を持たない。［再就職コース］結婚し子どもを持つ つ。［両立コース］結婚し、子どもを持つが、仕事も続ける。［DINKsコース］ ず、仕事を続ける。

図表2－2　18～34歳未婚男女の理想のライフコース

〈未婚女性の理想ライフコース〉

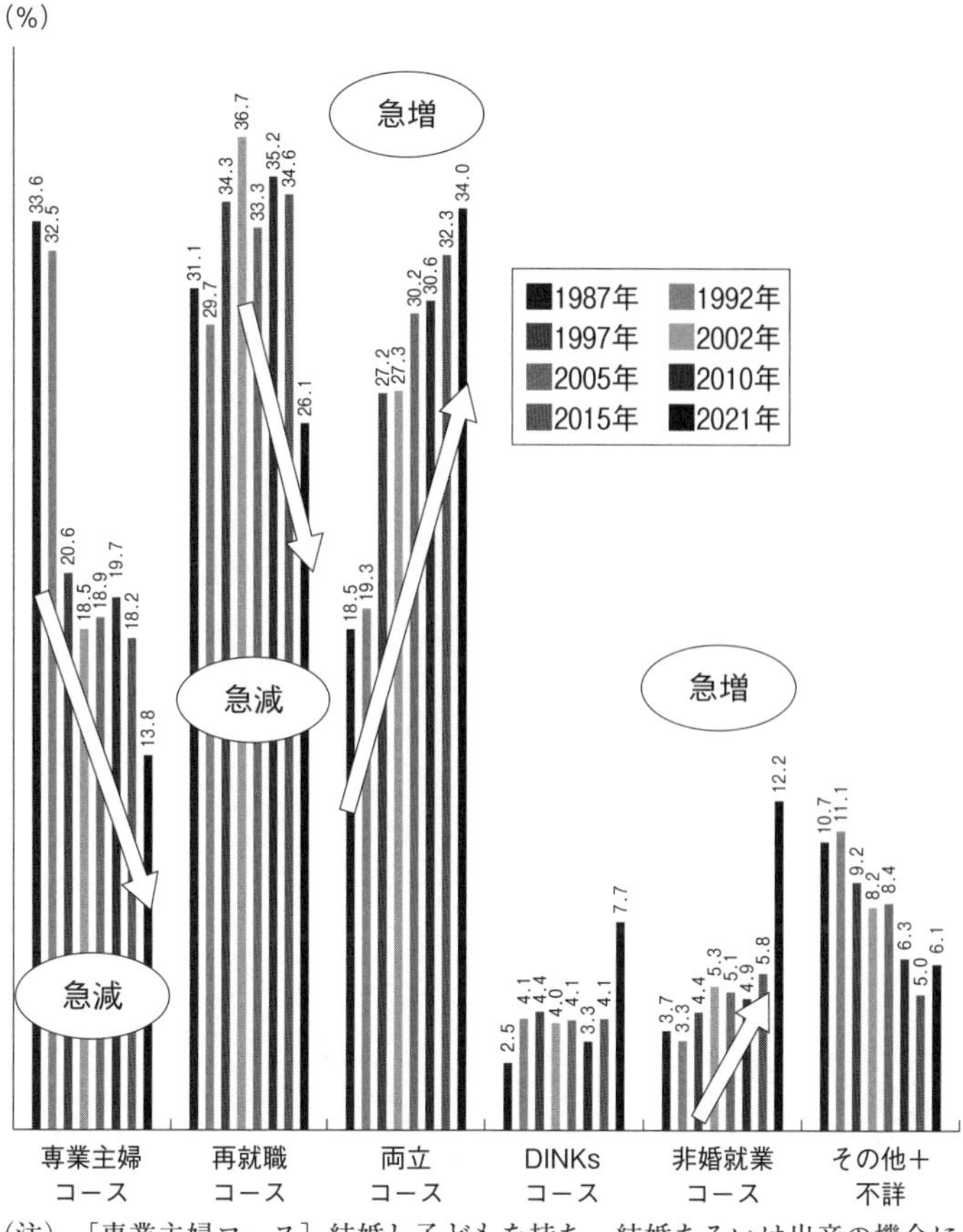

（注）［専業主婦コース］結婚し子どもを持ち、結婚あるいは出産の機会に
が、結婚あるいは出産の機会に一旦退職し、子育て後に再び仕事を持
結婚するが子どもは持たず、仕事を続ける。［非婚就業コース］結婚せ
出所：国立社会保障・人口問題研究所「出生動向基本調査」を改編

筆者はこの回答者グループの最若手層に属する年齢だが、少し上の世代は企業に就職するなら女性は一般職が当たり前で「寿退社」を前提として就活する人が一般的、といった時代だった。

そもそも女性が出産後に育児と両立して働き続けることができるための基本的な法律としての「育児休業法」が施行されたのが１９９２年である。

今から約30年前の施行元年に入社した男女は高卒なら２０２４年現在50歳、４年制大学卒なら54歳である。つまり、俗称「アラフィフ世代」より若い年齢の男女でやっと育児休業を取得できるようになった社会であるため、50代以上男女はほぼ全員といってよいくらい、「女性は出産があるから、ほぼ会社員としての仕事は続けられない」という時代に就職している。そのような時代背景から「**男性が稼いで当たり前。そして、それが夫婦円満のコツ**」という〝常識〟を抱きやすい世代が今の50代以上、といっても過言ではない。

しかし、１９９２年の育児休業法施行から約30年で、雇用に関する法律、男女の教育格差の均等化など、家族価値観に大きな影響を与えるような急激な変化を日本社会が遂げていることを認識しなければならない。

約20年前に実施された２００２年調査（２０２４年現在40～56歳）では、男女ともに専業主婦コースを理想とする回答割合は2割未満まで低下し、直近の２０２１年調査（２０２４年現在21〜37歳）では、専業主婦コースを理想とする男性はわずか７％、女性は14％へと大きく減少している。

現在50代以上の男女が最も理想としていた夫婦像が、今では最も理想とされない夫婦像へと変化しているのである。

一方、子育て期も夫婦ともに仕事を辞めずに働き続ける「両立コース」は、50代以上では男性は１割、女性は２割弱しか理想としていなかった夫婦像である。それが、女性は１９９７年調査（２０２４年現在45〜61歳）、男性は２００５年調査（２０２４年現在37〜53歳）から両立コースを理想とする割合が２割を超え、２０２１年調査（２０２４年現在21〜37歳）では実に男性の約４割、女性の３人に１人以上が理想とし、最も人気のある夫婦像となった。

つまり、**管理職層と若手層では理想とする夫婦像がまさに真逆**となっているのである（図表２－３）。この変化グラフをみて、ある企業の部長クラスの講演聴講者は「うちの役員にこの変化をみせてあげたい。『30代の男性社員が何を考えているのかさっぱりわからん』とこの前もぼやいていたけれど、まさにこういうことなのだと思います」と話した。

また、２０２１年調査では、専業主婦コース理想者の減少と両立コース理想者の増加に加え、再就職コース（子育て期に女性が一旦仕事を辞めて子育て後に復帰する夫婦像、いわゆるパート妻コース）理想者の減少が顕著となった。

これは、２０２１年調査は、調査対象の男女すべてが「１９８６年の男女雇用機会均等法施行後に出生している」という時代変化の影響が大きい。本調査はほぼ5年ごとに実施されているため、それまでの回答者は、全員またはその一部が男女雇用機会均等法施行以前の出生であった。つまり、２０２１年調査の回答者たちは、それまでの回答者よりも機会均等な雇用環境における親の姿をみて育った、ということになる。

〈未婚男性がパートナーに望むライフコースの変化〉

1987年調査（2024年現在55～71歳）

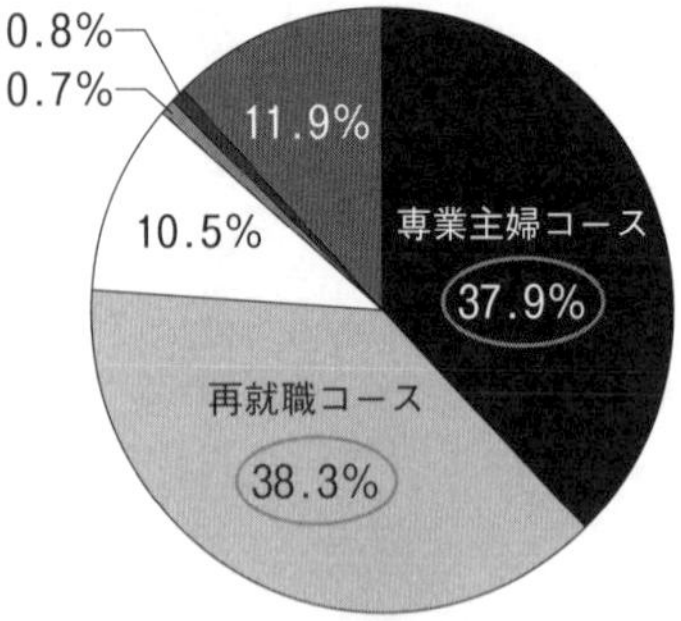

2021年調査（2024年現在21～37歳）

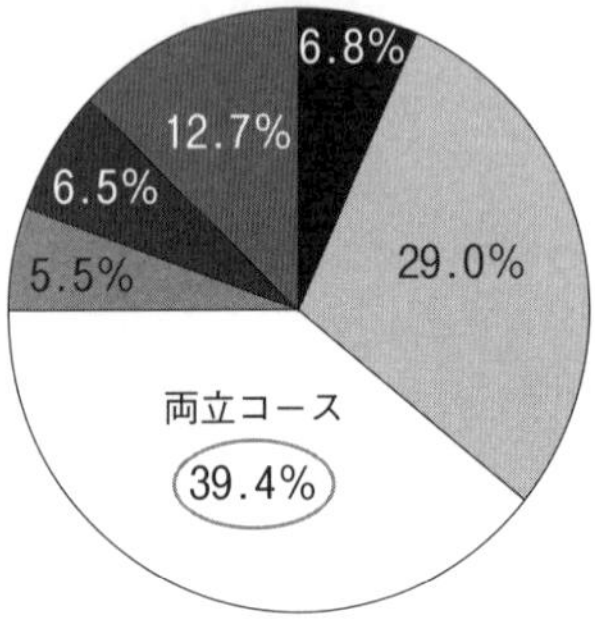

図表２－３　管理職層と若手層では理想の夫婦像が「真逆」

〈未婚女性の理想ライフコースの変化〉

1987年調査（2024年現在55～71歳）

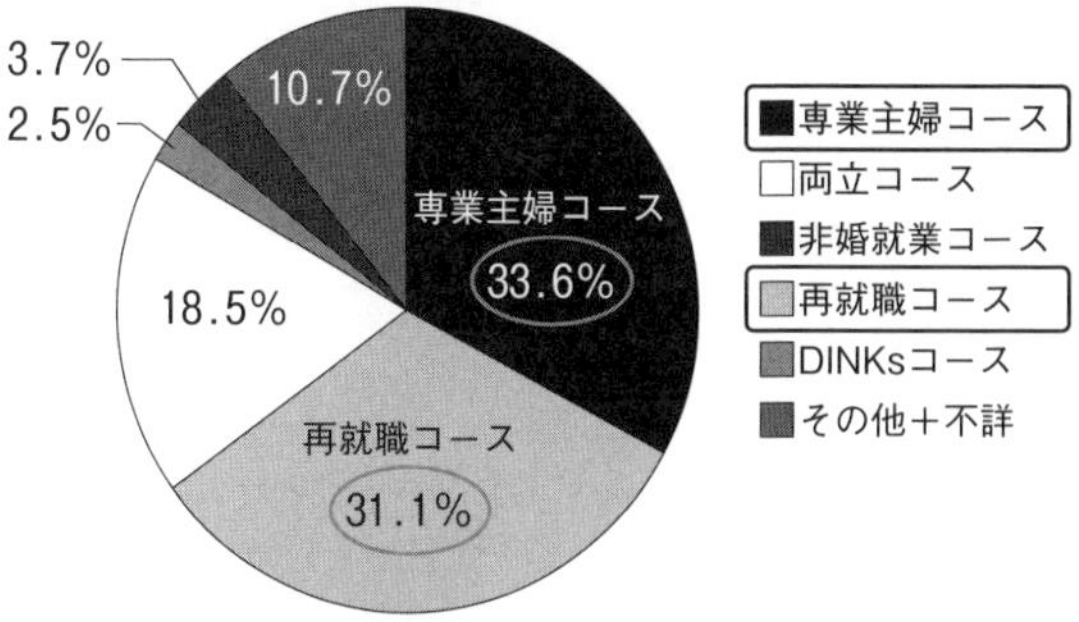

2021年調査（2024年現在21～37歳）

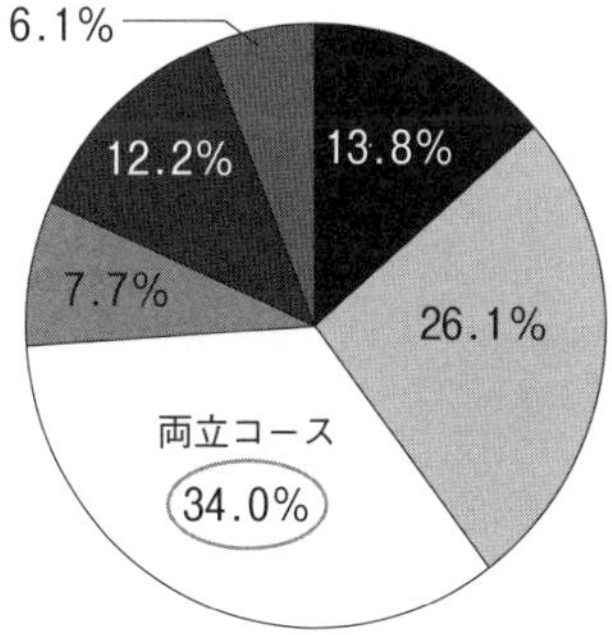

出所：国立社会保障・人口問題研究所「出生動向基本調査」より筆者作成

この結果からわかるのは、**夫婦共働きについて中高年層が「経済低迷で今の若者は私たちよりいろいろ苦しいから、共働きを選ばざるをえないのだろう。妻まで働かねばならないなんて、かわいそうに」などと思うのはほぼまちがいである**ということである。平均値として「みて育った親のイメージ」の変化が、子どもの描くライフデザインを変えることは想像に難くない。

そもそも若年層が理想としている夫婦像が、中高年層の理想とまったく異なるから夫婦共働きが増えているのであって、「かわいそう」などと考えること自体がモラルハラスメントにつながりかねないことに気をつけねばならない。こういった自分と違う夫婦像を選択している者に対しての「かわいそう」という発想は、若年層に対する誤解に基づく「優しさ」「思いやり」からくるものでもあるだけに、よけいにたちが悪い。自覚があってモラルハラスメントをしている悪意があるケースよりも、モラルハラスメントの存在に本人や周囲が気づきにくく、修正が容易ではないという問題がある。

日本の少子化の主因は未婚化であるが、それを解決するためには

❶ 結婚意思は男女ともに約30年前の9割水準にキープされており、「結婚意思の下落」で婚姻減は説明できない

❷ 意思は依然高いにもかかわらず結婚につながらなくなっているが、そもそも中高年層と若

者では理想とする夫婦像が激変している
ことへの周知を「オール日本」で推進しなくてはならない。しかし、ここで**壁として立ちはだかるのが、人口構造の高齢化がもたらしている「世論」の動向**である。

後述するが、日本は急速な少子化によって、２０２０年の国勢調査では団塊ジュニアを含む40代人口が最も多い。40代人口を１００とすると20代人口はその67％しかいないという状況にある。40代以上人口：30代以下人口＝６：４となっており、中高年層が社会の多数派となっているのである。一方、中高年層が若かりし頃の半世紀前の１９７０年の日本では、40代以上人口：30代以下人口＝３：７で20代人口が最も多かった。そのため、かつての若者である中高年は多数派としてその時代を過ごしているために「若者の声なんて十分聞こえているだろう」「もっと若者が選挙に行けば若者の声が聞けるのに」といった勘違いをしやすく、知らず知らずの間に若年層の声をネグレクトしていることに気がつかない社会へとひた走りつつある。

統計的にみれば、日本において次世代人口である赤ちゃんを生み出す「結婚」というイベントは（日本は98％が婚内子として出生している）、以前から26～27歳をピーク（最頻値年齢）として、ほぼ34歳までの男女間で行われている。つまり、今や少数派となってしまった結婚の担い手世代は、**シルバー民主主義**（注２）**によるアンコンシャスなバイアスの弊害（ハラスメント、ネグレクト等）を受けやすい**といえる。今後、高齢化がさらに進行するなかで、かつてないほどに日本において「今どきの結婚」への無理解が進みかねない社会への警戒を強めなければならない。

以上から、34歳までの若い世代が最も理想とする「子育て期も夫婦ともに仕事を辞めずに、ずっと働き続けられる雇用環境の提供」は、未婚化解消に極めて重要なことが明確といえよう。それにもかかわらず、「夫（男）にもっと稼がせてやらないと」「妻（女）には仕事なんかしないで家事育児にゆっくり専念してもらわないと」と若い世代に優しく接したつもりが、ハラスメントといわれた、などということに身に覚えがある中高年もいるのではないだろうか。

筆者のもとに、おそらく理想のライフコースの変化を知らないであろう男性（と思われる名前の方）から、「パートをしている妻のほとんどが本当は専業主婦を理想としているのに働いていてかわいそうなことを、あなたはわかっていないのだろう」と、反証データもないままメールがくるケースがいまだにある。

もし、自らの親たちの背中をみて「こんな夫婦になりたい」「結婚ってすばらしい」と子どもも世代が思ってきたならば、この半世紀の急激な未婚化（6割減）は起こっていないはずである。かたくなに未婚化に目を向けたくない日本社会の根底に、「自らがお手本夫婦とはならなかった」事実を素直に認められない意地のようなものすら感じざるをえない。

3 女性の社会進出が原因ではない

子どもがいない世帯割合の現実

未婚化（人口減速度をはるかに凌駕する婚姻減速度）が急速に進む日本において、「若い男女の結婚希望割合はさほど減少していない」、しかし「若い男女が希望する理想の夫婦像は管理職世代とまったく違う」というデータを示した。このような説明、特に後者に対して「共働き夫婦が増えたら子どもが減るじゃないか」「だから少子化なのだ」と考える中高年男女は少なくないのではないだろうか。これについても「あなたの感想」レベルの意見ではないのか、計量的に確認しておきたい。

最初に結論を示すと、2015年国勢調査、2020年国勢調査ともに、「共働き世帯」のほうが「専業主婦世帯」よりも子どもの数が多い、という分析結果が導き出された。

2015年の分析結果は主要オンラインメディアにも投稿し、また、2020年の分析結果も講演会で何度も取り上げてきた。しかし、この分析結果に対して、シンクタンク研究者、大学教授、大手メディアのディレクターなどから、いまだに「驚愕した」「この結果の調査母体は何でしょうか（母集団が偏っていないのか）」といった連絡を定期的にいただく状況が続いている。

このような状況こそがまさに、人口減、すなわち出生減が止まらない危機的な状況下に日本があるにもかかわらず、**足元の社会現象に関してデータ分析による仮説検証が行われないいま、誤解に基づく非科学的な対策議論が広く一般的に行われている**ことの証左であるともいえるだろう。

「（共働き世帯よりも）専業主婦世帯のほうが、子どもが多いのではないか」という少子化に関する代表的な誤解の1つについて、その反証となるデータを詳しくみていきたい。

Column

知っておきたいデータの読み方②

母集団バイアスの罠

「ユーザー満足度80％」という商品説明をみて「すばらしい」と感じてしまう人々もいるだろう。しかし、こういったデータに関しては必ず「このアンケートを誰に、何人に対して行ったのか」を確認しなければならない。

ユーザーが「その商品の販売会社の社員5人のうち4人」という意味での80％なのか、「スーパーでその商品を購入したお客さま50人のうち40人」という意味なのかでは、80％の満足度という情報の統計的にみた信ぴょう性がまったく違うからである。割合データをみるときには、その割合の母集団の性質（誰に、何人に）をしっかり確認することで、こういった「騙し（誘導）テクニック」に対抗する力がつくようになる。

残念ながら、日常において私たちは気づかずに母集団バイアスのかかった議論を展開してしまうことが少なくない。

たとえば「俺は35歳だが、俺の周りでは誰も結婚していない。35歳で結婚を焦る必要はない」という場合、確かに彼の周りでは誰も結婚していないかもしれないが（未婚割合

100%)、女性割合がとても低いエリア（たとえば日本では中山間地域等）にある男性しかいない職場である、もしくは35歳男性社員3人の話、だったらどうだろうか。彼の周りが結婚していない話で世間を語ることが、いかに説得力がないかということは誰しも気づくことだろう。

筆者はこういったアンコンシャスな「マイ統計」に、特に社会問題において注意するように講演会等で呼びかけている。なぜ社会問題についてかというと、誰でも参入しやすい議論だからである。たとえば不動産REITの話、宇宙開発の話、などという場合、専門的な知識が必要になり、関心を持つ人（会話についていける人）は限られてくる。しかし、これが身近に発生している社会事象に関する話になると、途端に「マイ統計」参加者にとって議論への参入障壁が低くなるのである。

自らの「マイ統計」視点を振りかざさないように日頃から気をつけることができるようになると、必然的に他者による母集団バイアスを用いた扇動的、誘導的なデータを用いた議論に踊らされることも少なくなるだろう。

子なし世帯、一人っ子世帯割合が高い専業主婦世帯

では早速、２０２０年国勢調査データを用いて、専業主婦世帯と共働き世帯の子どもの数の状況を比較検証してみたい（図表２－４）。

夫が就業している1907万世帯において、妻が専業主婦（非就業）の世帯は５８２万世帯（30・5％）、共働きの世帯（妻も就業）は１３２１万世帯（69・2％）、妻の就業不詳世帯が5万世帯（0・3％）となっている。

この時点ですでに、「そんなに共働き世帯割合が高いのか！」という反応があるかもしれない。筆者は団塊ジュニア世代でアラフィフ人口の1人であるが、自分の親が若かった頃（1970～1980年代）は専業主婦が圧倒的に多かった。平日午後開催の小学校のＰＴＡに母親が出席するのは当たり前（出席できないことは普通ではない）の社会であった。しかし時代は変わり、２０２２年においては共働き世帯：専業主婦世帯は7：3となっており、**共働き世帯の割合は毎年上昇し続けている**（図表２－５）。

筆者が母親となり、子どもが小学生の頃、平日午後開催ということでＰＴＡに出ないことも

図表２－４　夫が就業者の世帯における妻の就業状況別子どもの有無、子どもの数（2020年）

（世帯）

	夫就業世帯	子の有無	子の数	妻就業（共働き世帯）	子の有無	子の数	妻非就業（専業主婦世帯）	子の有無	子の数	妻就業不詳
全国合計	19,073,686	100%		13,206,934	100%		5,816,497	100%		50,255
子なし世帯	6,723,283	35%		4,434,948	34%		2,254,529	**39%**		33,806
子あり世帯	12,350,403	65%		8,771,986	66%		3,561,968	61%		16,449
18歳未満の子がいる	7,886,333		100%	5,697,675		100%	2,182,461		100%	6,197
1子世帯	5,693,558		—	3,825,131		—	1,858,404		—	10,023
18歳未満の子がいる	2,617,763		33%	1,765,080		31%	850,583		**39%**	2,100
2人きょうだい世帯	5,080,901		—	3,756,287		—	1,320,162			4,452
18歳未満の子がいる	3,835,318		49%	2,848,239		**50%**	984,639		45%	2,440
3人きょうだい世帯	1,362,348		—	1,036,362			324,322			1,664
18歳未満の子がいる	1,227,156		16%	935,327		**16%**	290,460		13%	1,369
4人以上きょうだい世帯	213,596		—	154,206			59,080			310
18歳未満の子がいる	206,096		3%	149,029		3%	56,779		3%	288

出所：総務省「令和２年国勢調査」より筆者作成

少なくなかったが、東京都という土地柄もあるかもしれないものの「そうですよね。お仕事頑張ってくださいね」「○○ちゃんのママもそうだし」と〝新たな普通〟がクラスに漂っており、特にそれが問題視されるということも、支障になるということも生じなかった。

まず、「子なし世帯割合」は共働き世帯34％、専業主婦世帯

図表2－5　**専業主婦世帯と共働き世帯の推移**

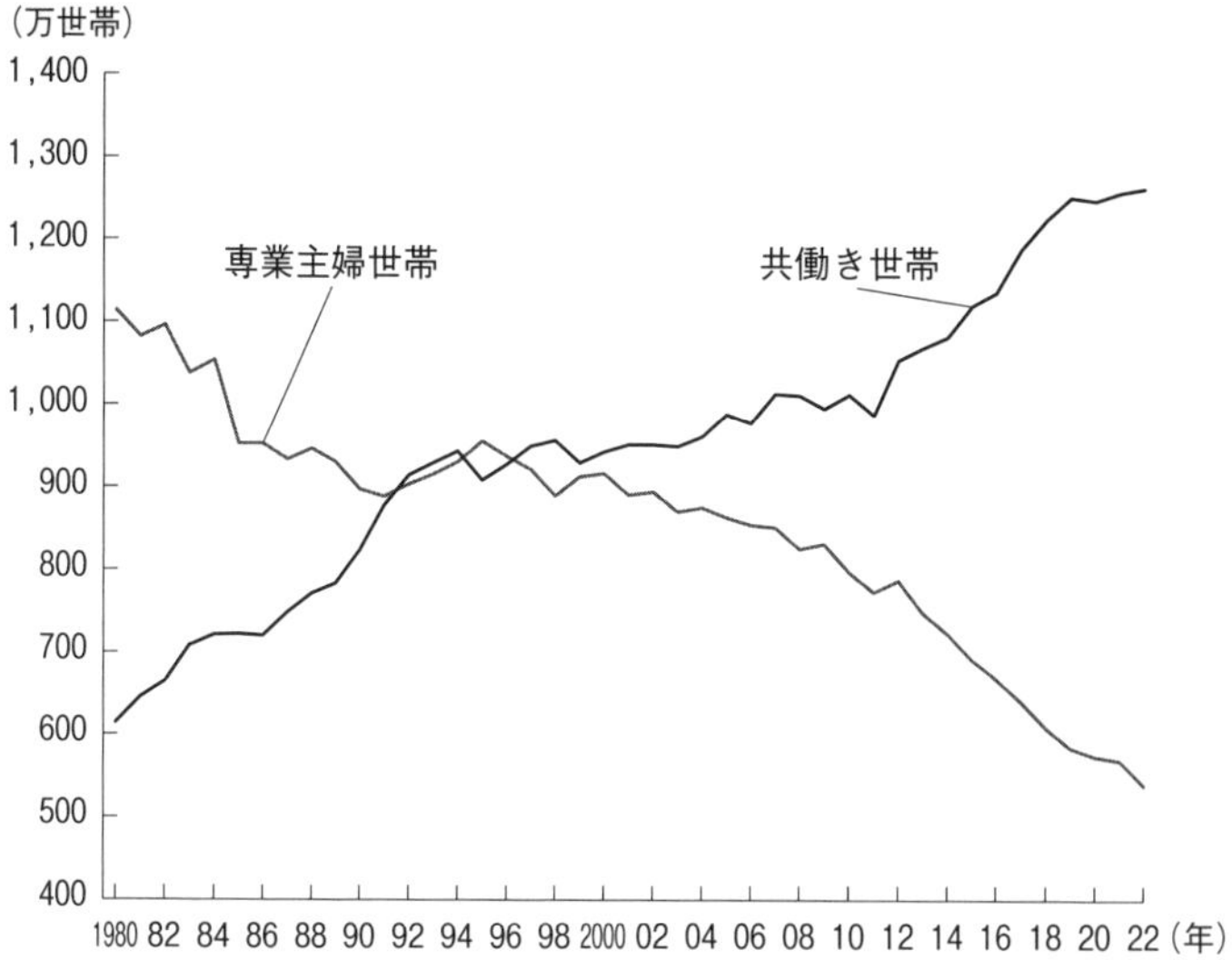

出所：総務省「労働力調査特別調査」(2001年以前) および総務省「労働力調査 (詳細集計)」(2002年以降)

39％で、専業主婦世帯のほうが、子どもがいない世帯割合が高いという結果となっている。

次に、18歳未満の子どもがいる世帯についてみると、1子世帯、つまり一人っ子世帯は専業主婦世帯のほうが39％と共働き世帯より8ポイントも高くなっている。その一方で、多子世帯といわれる18歳未満の子どもが2人、3人といる世帯は、共働き世帯のほうが割合が高い、ということも示された。

以上から、統計的な結論を簡潔にいうならば、**「専業主婦世帯のほうが子なし世帯、一人っ**

子世帯割合が高く、共働き世帯のほうが2子以上の世帯割合が高い」となる。

筆者のレポートでこの結果をみたある30代の男性記者から「大変驚きました。試しにうちの育児休業中の共働きの妻にも『専業主婦世帯と共働き世帯、どっちのほうが子どもが多いと思う?』と聞いてみたら、『それは当然、専業主婦でしょ!』って答えたんですよ」との声が寄せられた。

統計的には子どもを多く持つ傾向がはっきりしている共働き世帯の子育て中の女性までがこのような誤解を持っているとすると、自己肯定感・自尊感情という観点で、本来自信を持ってよいはずの子どもを持つ共働きの女性が社会的に抑圧されている構造もみえてくる。非科学的なアンコンシャス・バイアスによるモラルハラスメントが垣間みえる社会の実態に、その記者と「正しいデータを広めていかねばならない」と話し合ったことが強く印象に残っている。

アンコンシャス・バイアスが生み出す少子化リスク

国勢調査の結果からはっきりと指摘できるのは、「**女性が社会進出すると少子化が加速する」「専業主婦世帯の応援、もしくはそちらに女性の生き方を誘導したほうが子どもは増え**

る」などという意見は、統計的にみて大いなる誤解であり、偏見であるということである。しかしながら、「まったく逆だと思っていた」という感想がいまだに絶えない。

この誤解は男性に限らず、生物学的に出産を担当することが可能な女性においてもみられ、「仕事にやりがいを見いだしている自分は、家族形成に向いていないのではないだろうか」といった諦念を持って働く女性も少なくない。

一体、どうしてこのようなバイアスが長くまかりとおって大きく修正されないままなのだろうか。これは「女性は働かないほうが子どもを産むはず！」という意見が「何が何でも女性に社会で活躍してほしくない」といった悪意から出てきているのではなく、どちらかというと善意からくるアンコンシャス・バイアス（無意識の偏見）による誤解であって、だからこそ修正されにくいのではないかと筆者は考えている。

前掲の**図表2－5**が示すとおり、今から40年ほど前の１９８０年代は、専業主婦世帯が64～54％を占めていた。しかも男女雇用機会均等法の施行は１９８６年であるため、企業が「高卒男性20名」「女性事務職採用」といった採用広告を打てた時代が１９８０年代には含まれている。男女雇用機会均等法施行当時、20代だった夫婦は、現在ほぼ60代である。また、１９９２年の育児休業法（現在の育児介護休業法）施行当時20代だった夫婦は現在ほぼ50代となっている。これは何を意味するだろうか。

つまり、現在50代以上の夫婦が若い頃は、主に夫だけが働いていて当たり前の法環境下にあったのである。いい方を変えるならば、男性の経済力に頼れない女性は暮らしていくのが非常に厳しい時代だったともいえる。このような時代においては「夫が妻子を養うこと」「男性こそが率先して一家の経済的な柱になること」「妻は働くとしても夫のサブとして働く程度」が経済的に考えて安心・安定だったのは当然だろう。

しかし、時代とともに法環境は大きく変わり、その変化とともに2012年以降、共働き世帯が6割を超え、2018年以降は7割をも超えて、専業主婦世帯割合との差を拡大し続けている。1990年代半ばから恒常的に共働き世帯割合が専業主婦世帯割合を凌駕するようになり、その差が広がっていることから考えると、1992年施行の**育児休業法の影響は非常に大きかった**といえる。出産後に法定の長期的休業を取ったことで雇用先における配属や出世の差別をしてはならない、長期休業の権利を法律で認める、という法の施行に、結婚後も就業を続ける女性、そしてそのような女性と結婚する男性が明らかに増えていったのである。

ここでまたもや「それはバブル崩壊（注3）もあって、仕方なくの選択なのではないか」「本当は専業主婦がよいのに、仕方なくパートをする女性が多いからだろう」という中高年の声が聞こえてきそうであるが、ここで前掲の**図表2－2**をもう一度参照してほしい。

1990年代の半ばから共働き世帯の割合が急増した日本であるが、夫婦となる前段階の統計的に結婚適齢期にある未婚男女の理想の夫婦像が、1992年調査と1997年調査で大きく変化していることに気づかれたい。男女ともに1992年と1997年で比較すると、ほぼ同様の「夫婦の理想像の大きな変化」が起こっている。

❶ 専業主婦コース理想割合の大きな下落（女性は32・5％から20・6％へ、男性は30・4％から20・7％へと、双方10ポイント前後の大幅下落）

❷ 両立コース理想割合の大きな上昇（女性は19・3％から27・2％へ、男性は10・8％から17・0％へと、双方6～8ポイントの大幅上昇）

つまり、**共働き世帯の増加は仕方なく増えた結果ではなく、統計的には若い男女が「そうなりたくて増えた」「育児休業法施行により、従前は困難だった夫婦のライフデザインが実現可能となったので選択されるようになった」結果である**とみるほうが演繹的に考えて自然である。

中高年世代の若かりし頃の夫婦の「普通」が、もはや少数派の世帯の姿になっていることに気がつかず、「そんなはずはないだろう」「驚愕だ」といった意見がいまだに絶えないこの状況は、若い世代に中高年世代が過去の自分の生き方を押しつけている社会を具現化したものであるという見方もできる。「共働き世帯の妻はパートで働いていることが多い。そしてパートで働く主婦は、本当は専業主婦になりたいのに働かされているかわいそうな女性たちなのだ」といった意見をメールしてきた男性もいた。しかしながら彼が主張する状況を示すエビデンスデータは添付されておらず、マイ統計をもとにした意見のようであった。

筆者は様々な人口動態に関するデータをレポートで紹介しているが、専業主婦世帯と共働き世帯の比較データにだけ、ご意見番メールが届く。こういった**中高年世代による〝上から目線〟の若い世代の生き方は「かわいそう」という思い込みが、若い世代の生き方の選択を意図せず妨害し、未婚化を進める原因ともなりかねないリスク**を感じずにはいられない。

そうはいうものの、こういったリアクションをみせる人もいる中高年世代が悪意を持ってそうしているのでは決してないのだろう、と思う。

あくまでも「幸せに生きてきた自分たちの生き方を認めてほしい」「幸せな自分たちを若い世代に踏襲してほしい」といった気持ちからきているために、「よい助言をしている」という認識のもとで、長期にわたり社会に蔓延するアンコンシャス・バイアスに一向に気がつくことができないのではないだろうか。「わが妻を不幸にした覚えはない」「わが家は夫婦円満だ」「だから若い世代に教えてあげよう」といったところだろうか。

時系列で社会データをみる際に、気をつけねばならないことがある。**過去の幸福が今の幸福とは限らない**という割り切りである。今の若者たちを示す社会データが、自らの生き方（「共働き世帯がどんどん増えているが、自分の妻は専業主婦だ」など）が人気があると示唆しなかったからといって、それは自分のこれまでの生き方を否定していることには決してならない。

ダイバーシティー推進の考え方の基本であるが、法環境、教育環境の整備で様々な人生の選択肢が模索可能となったなかで、「君は君、僕は僕、だけど仲良し」（注4）である社会が目指されている。「俺はこれで全然よいいんだけれど、若い世代はそれは嫌なんだな。では、どうしてあげることができるだろうか」でよいのである。

中高年世代である筆者自らも含めて、すべての中高年読者に、今一度時代の変化を統計的に把握したうえで、「こうあるべき論からくる、かわいそう目線」から脱却したリベラルな議論をはたしてできているのかということを、注意喚起したい。

（注）1　調査実施主体の研究所の説明によれば、国内の結婚、出産、子育ての現状と課題を調べるために、ほぼ5年ごとに実施している全国標本調査である。夫婦調査と独身者調査の2種類の調査が同時に実施される。それぞれの政策的な課題を社会科学的な立場から探ることが主な目的。

2　老年民主主義ともいわれる。多くの得票を得るために、政治家が人口の多数派を占めるシルバー層に受けのよい政策を優先して打ち出すこと。また、シルバー層に受けのよい政策ばかりが通る社会。

3　1991年から1993年に株式市場において発生。人々が不景気を体感し始めたのは1995年あたりからで、仕事を求めて地方から人口が流出した。東京都の転入超過は、女性は1996年に、男性は1997年に始まっている。

4　「君は君　我は我なり　されど仲よき」は武者小路実篤の名言。

第3章

統計的誤解がもたらす
地方少子化加速の罠

1 止まらぬ地方少子化

自治体間での出生率比較がもたらす「誤った安心感」

第1章において日本の急速な少子化は実は「婚姻数の激減」によってもたらされていること（夫婦間の子どもの数の影響は微少）を、第2章において日本の未婚化は若者の結婚意思の減退ではなく、結婚後に求める夫婦像の激変（「今どきの結婚」への社会的な無理解や誤解に基づく非科学的な対策議論）によってもたらされていることを、データを用いて詳しく説明した。

第3章では、第1章で説明した出生率について、国というマクロの単位ではなく、自治体というミクロ単位における「使用上の注意」を解説したい。この出生率の都道府県単位や市町村単位での濫用こそが、急速に進む地方の少子化を促進してさえいる、という状況があるからである。

筆者の講演会などで参加者からの「誤解していた！」という反響が最も大きく、日本における少子化対策が非科学的である典型例の1つとなっているのが「**自治体間の出生率高低比較や、自治体の少子化測定における出生率濫用の蔓延**」である。誤解している人がほとんどであるが、自治体間の少子化度合いの比較や、自らの自治体における少子化の変化度合いの測定に、出生率を「用いてはならない」のである。

自治体の少子化対策をみてみると、いまだに

❶ 県の少子化対策のベンチマークに、出生実数の増減ではなく、出生率の高低を使っている

❷ 市町村議会などでは、出生率の高低で少子化対策の成否を測定し、優劣を論じている

という状況が多くみられるが、これらはまったく意味がないどころか有害ですらある。

自治体間の出生率比較の濫用によって、自治体における出生数大幅減の真因を見失い、実態と乖離した少子化イメージに基づく誤った安心感を持つことにより、「対策すべきエリアほど対策をしない」といったことが起こっている。その結果、出生率が高いグループに属する地方のほうが急速な人口減に苦しんでいる、という状況に日本はある。

出生減スピードは都道府県間で大きな格差

出生数の減少による人口減といっても、都道府県単位でその減少速度には大きな差が生じている。あまりにも大きな差が出ていることを最初にデータで示しておきたい。

沖縄（琉球諸島および大東諸島）の施政権がアメリカから日本に返還されたのは1972年である。そこで、その直後の国勢調査年となった1975年（注1）と2022年の出生数で比較した47年間出生数減少率を都道府県単位でランキングにした（**図表3－1**）。

最も急速な出生減となった秋田県と青森県は47年間で約8割減という驚異的な減少となっており、アラフィフ人口の5分の1程度しか子どもが生まれなくなっている。また、3位の岩手県から14位の富山県までの12エリアも約7割減という急速な出生減、すなわち少子化がみられている状況である。全国水準が約6割減（59・5％減少）であるので、これらの14エリアにおいては全国水準を大きく上回るスピードで出生減（少子化）が発生していることがわかるだろう。この14エリアに秋田県、青森県、岩手県、福島県、山形県と、東北地方6県のうち宮城県以外のすべての県が含まれていることから、**日本で最も深刻な人口減少の未来を迎えるのは東**

北エリアとなることが（今後よほどの人口動態の変化が生じない限りにおいて）予見可能である。一方、「出生率が低いから最も少子化しているのでは？」「少子化が深刻なのでは？」と考えられがちな東京都の出生減は51・２％で、全国水準59・５％よりも明確に低い。

ここで注意しておきたいのは、**地方にとって「少子化とは何なのか」という根本的な概念の確認ができているか**ということである。県や市町村単位の持続可能性を危うくするものは、「そのエリアにおいて子どもが少なくなること」ではないだろうか。つまり、**実数としての子どもの数が減少することを防ごうとする施策が少子化対策**ではないのだろうか。

「それはそうだが、では地元女性１人当たりの生涯に持つだろう子どもの数の指標である『出生率』が高くなることで評価してはなぜだめなのか」という声が聞こえそうである。このように、出生数ではなく出生率で少子化を判断することで、出生率さえ高ければよいだろうと、状況の緊急性に反してのんびりと構えるエリアが少なくない状況となってしまっているというのが現実である。

実際、この半世紀の出生減の都道府県ランキングを筆者がレポート（注２）で示したところ、東北のメディアから「いやまさか、と驚きました」「最近はそんなことはないのではと、ここ10年で同じ計算をやってみたら、もっとひどかった」と衝撃を受けたとの連絡がきた。また、ある県で行われた会議では「少子化というが、全国平均よりうちは出生率が高いのだか

24	大阪府	57,315	150,653	62.0%
25	広島県	17,903	46,843	61.8%
26	長野県	12,143	31,712	61.7%
27	兵庫県	33,565	86,839	61.3%
28	福井県	4,861	12,421	60.9%
29	宮城県	12,852	32,760	60.8%
30	茨城県	15,905	40,466	60.7%
31	宮崎県	7,136	18,123	60.6%
32	山梨県	4,759	11,872	59.9%
	全国	770,759	1,901,440	59.5%
33	三重県	10,489	25,862	59.4%
34	奈良県	7,315	17,983	59.3%
35	岡山県	12,371	30,102	58.9%
36	佐賀県	5,552	13,085	57.6%
37	鳥取県	3,752	8,755	57.1%
38	鹿児島県	10,540	24,592	57.1%
39	埼玉県	43,451	96,033	54.8%
40	愛知県	51,152	111,528	54.1%
41	熊本県	11,875	25,596	53.6%
42	神奈川県	56,498	118,656	52.4%
43	千葉県	36,966	77,416	52.3%
44	東京都	91,097	186,701	51.2%
45	福岡県	35,970	71,059	49.4%
46	滋賀県	9,766	17,629	44.6%
47	沖縄県	13,594	22,371	39.2%

出所：厚生労働省「人口動態統計」より筆者作成

図表3－1　1975～2022年（47年間）における「出生数減少率」ランキング

ワースト順位	都道府県	2022年出生数（人）	1975年出生数（人）	47年間減少率
1	秋田県	3,992	17,499	77.2%
2	青森県	5,985	24,031	75.1%
3	岩手県	5,788	22,182	73.9%
4	北海道	26,407	89,631	70.5%
5	福島県	9,709	31,287	69.0%
6	新潟県	11,732	37,524	68.7%
7	高知県	3,721	11,773	68.4%
8	和歌山県	5,238	16,340	67.9%
9	山口県	7,762	23,956	67.6%
10	愛媛県	7,572	23,315	67.5%
11	長崎県	8,364	25,639	67.4%
12	山形県	5,674	17,226	67.1%
13	徳島県	4,148	12,020	65.5%
14	富山県	6,022	17,305	65.2%
15	岐阜県	11,124	31,538	64.7%
16	静岡県	20,575	58,276	64.7%
17	栃木県	10,518	29,673	64.6%
18	群馬県	10,688	29,616	63.9%
19	大分県	6,798	18,336	62.9%
20	香川県	5,802	15,539	62.7%
21	石川県	7,075	18,817	62.4%
22	京都府	15,068	39,921	62.3%
23	島根県	4,161	10,939	62.0%

ら、もっと明るい話をしよう」という意見が出た。しかし、その県は約半世紀で7割減という出生数減少のスピードがトップクラスの県だった。筆者があわてて出生数減少の都道府県ランキングを用いて説明すると、会場に衝撃が走った。

東京都は今や「出生数維持優秀」エリア

繰り返しになるが、自治体間の少子化度合いの比較に出生率の高低を使うのは誤りである。なかでも**「東京都は出生率が一番低いから、全国一少子化が進んでいるエリアだ」という理解は、統計的実態とはかけ離れた思い込み**となっている。

東京都は長期にわたり出生率が都道府県で最も低いことはよく知られているが、直近の2015〜2022年の「出生数の変化」でみると、実に80・5%という高い水準で全国3位の出生数維持力を有していることがわかる（図表3－2）。2015〜2022年の8年間のうち、2020〜2022年はコロナ禍で人流が大幅に制限された期間である。東京都は全国どこよりも移動について厳戒態勢が敷かれていたことや、病床のひっ迫も深刻だったことを考えると、一般的なイメージの「東京都の少子化はひどい」に拍車がかかる結果になりかねない環境にあった。それにもかかわらず、高い出生数維持割合であったことは着目すべきであろう。

東京都は全国水準の76・6％を上回っているだけではなく、「出生率が全国一高いから子だくさん」イメージの強い沖縄県（４位80・２％）をもわずかに超えており、全国のなかでみれば「非少子化」傾向にあるエリアといってよい。一方で、２０２２年の出生数が２０１５年の75・０％未満（８年間で出生数が４分の３未満に減少した）である28位以下の20エリアをみてみると、２０１５～２０２２年平均出生率が全国平均（１・37）以上である「出生率でみれば良好な」エリアが16エリアにものぼっている。

つまり、全国平均以上の出生率であっても、少子化が全国平均以上に進んでいるエリアが16エリアもあり、出生率が低くて出生数維持力も低い、という一般的なイメージに合致したエリアはわずか４エリアしかない（奈良県、北海道、宮城県、秋田県）というのが現実である（図表３－３）。

以上から「出生率が高いエリアほど、赤ちゃんが生まれて少子化が進んでいない」とはとてもいえない結果となっていることが確認できる。しかし、一体なぜこのようなことが起こっているのだろうか。

24	三重県	13,950	10,489	75.2%	1.48
25	香川県	7,719	5,802	75.2%	1.57
26	群馬県	14,256	10,688	75.0%	1.42
27	島根県	5,551	4,161	75.0%	1.68
28	山口県	10,360	7,762	74.9%	1.54
29	愛媛県	10,146	7,572	74.6%	1.48
30	鹿児島県	14,125	10,540	74.6%	1.65
31	大分県	9,113	6,798	74.6%	1.57
32	和歌山県	7,030	5,238	74.5%	1.47
33	奈良県	9,832	7,315	74.4%	1.32＊
34	徳島県	5,586	4,148	74.3%	1.48
35	高知県	5,052	3,721	73.7%	1.47
36	茨城県	21,700	15,905	73.3%	1.40
37	静岡県	28,352	20,575	72.6%	1.45
38	山形県	7,831	5,674	72.5%	1.41
39	北海道	36,696	26,407	72.0%	1.24＊
40	岐阜県	15,467	11,124	71.9%	1.47
41	新潟県	16,340	11,732	71.8%	1.37
42	宮城県	18,023	12,852	71.3%	1.25＊
43	青森県	8,621	5,985	69.4%	1.38
44	栃木県	15,306	10,518	68.7%	1.39
45	福島県	14,195	9,709	68.4%	1.47
46	秋田県	5,861	3,992	68.1%	1.30＊
47	岩手県	8,814	5,788	65.7%	1.38

（注） ★：出生数維持割合が75％以上かつ出生率が全国平均未満
＊：出生数維持割合が75％未満かつ出生率が全国平均未満

出所：厚生労働省「人口動態調査」より筆者作成

図表3－2　2015～2022年（8年間）の「出生数維持割合」ランキング

順位	都道府県	2015年 出生数（人）	2022年 出生数（人）	出生数 維持割合	2015～2022年 出生率平均
1	大阪府	70,596	57,315	81.2%	1.32★
2	鳥取県	4,624	3,752	81.1%	1.60
3	東京都	113,194	91,097	80.5%	1.16★
4	沖縄県	16,942	13,594	80.2%	1.86
5	富山県	7,567	6,022	79.6%	1.49
6	福岡県	45,236	35,970	79.5%	1.45
7	山梨県	5,988	4,759	79.5%	1.48
8	岡山県	15,599	12,371	79.3%	1.50
9	千葉県	47,019	36,966	78.6%	1.29★
10	佐賀県	7,064	5,552	78.6%	1.61
11	福井県	6,230	4,861	78.0%	1.60
12	石川県	9,072	7,075	78.0%	1.48
13	愛知県	65,615	51,152	78.0%	1.48
14	長野県	15,639	12,143	77.6%	1.53
15	埼玉県	56,078	43,451	77.5%	1.30★
16	滋賀県	12,622	9,766	77.4%	1.52
17	宮崎県	9,226	7,136	77.3%	1.69
18	神奈川県	73,476	56,498	76.9%	1.29★
	全国	1,005,721	770,759	76.6%	1.37
19	京都府	19,663	15,068	76.6%	1.28★
20	兵庫県	44,016	33,565	76.3%	1.42
21	熊本県	15,577	11,875	76.2%	1.63
22	長崎県	11,020	8,364	75.9%	1.65
23	広島県	23,679	17,903	75.6%	1.51

図表３－３　2015～2022年（８年間）における出生数維持割合と平均出生率の状況

	赤ちゃんが そんなに減っていない	赤ちゃんが すごく減っている
高い 出生率	21エリア （鳥取県、沖縄県、富山県、福岡県、山梨県、岡山県、佐賀県、福井県、石川県、愛知県、長野県、滋賀県、宮崎県、兵庫県、熊本県、長崎県、広島県、三重県、香川県、群馬県、島根県）	16エリア （山口県、愛媛県、鹿児島県、大分県、和歌山県、徳島県、高知県、茨城県、静岡県、山形県、岐阜県、新潟県、青森県、栃木県、福島県、岩手県）
低い 出生率	６エリア （大阪府、東京都、千葉県、埼玉県、神奈川県、京都府）	４エリア （奈良県、北海道、宮城県、秋田県）

（注１）　出生数維持割合：８年間で75％以上維持できていれば「赤ちゃんがそんなに減っていない」、75％未満の維持であれば「赤ちゃんがすごく減っている」としている

（注２）　８年間における平均出生率：全国平均以上を「高い」、全国平均未満を「低い」としている

2 人流を無視した出生率比較は意味がない

出生率の「使用上の注意」

実は出生率には、絶対に知っておかねばならない「使用上の注意」がある。人口学を学ぶにあたって基本的なことだが、出生率を国単位で観察する場合であれば、「戦争や災害などで人口の一部に欠損が生じた場合、その年の出生率はあくまでも参考値となる（ため比較に適さない）」という注意事項がある。

出生率はあくまでも「同じ母集団」を経年で比較してみた場合に、その集団の生涯の出産動向の変化をみることが可能な指標である。ゆえに15～49歳までの女性の一定規模の移動や、戦争、災害等による死亡の人口欠損を含まない（統計的に捨象できる程度である）限りにおいて、初めて高低を議論する意味がある指標となる。

たとえば、移動や死亡によって測定対象である女性人口の中身が流動的であるとする。この場合、2015年と2020年のそのエリアの女性の出生率の比較は、異なる母集団の測定となり、まるで「みかんとリンゴの糖度比較」を行うように、異なるものをまったく同質として比較評価するような話となる。

出生率による少子化度合いの測定は、母集団の入れ替えによる測定対象の変化の影響を考慮に入れないまま、同質扱いして比較評価するという、何ともおかしな少子化対策を誘導する状況を生み出している。

測定する母集団に影響を及ぼす海外からの移民の影響が軽微な日本だからこそ通用する国全体の評価指標（出生率）を用いて、都道府県間レベル、市区町村間レベルといった人流（母集団の入れ替え）が活発にみられるエリア間での少子化度合いを説明しきれない理由を、より平易にイメージするために、計算式を図解する形で出生率に対する女性の人口移動の影響について解説してみたい。

若い女性の流出で「出生率優等生」に？

まずは地方部における出生率の計算イメージを解説したい。

詳細は後述するが、地方の人口の転出超過（社会減・注3）は、22歳の男女、特に女性を中心に発生している状況にある（次点で18歳と20歳だが、22歳が圧倒的な転出減となっている点はどの転出超過エリアも大差はない）。

今や男女ともに４年制大学進学率は5割を超えて6割に達する勢いである。令和時代においては、もはや「普通」となった新卒の大卒女性が、就職を機に地方から大量に減少している。この20代前半の女性は、国勢調査結果によると9割以上が未婚者となっている。ゆえに、エリアからの転出超過による女性の減少は、出生率の計算式に利用される地元の20代前半の女性人口、すなわち未婚女性人口の母数をも大きく減少させている。その結果、**図表3－4**のように算出される出生率は地元からの未婚女性減少に伴って、逆に上昇することとなる（0・083から0・1へ）。

注目したいのは**図表3－4**において、どちらも既婚女性1人当たりが持つ子どもの数はまっ

図表3－4　地方部における未婚女性の転出超過エリアの出生率の変化（イメージ）

（注）　この計算を15～49歳までのそれぞれの年齢で行い、すべてを足したものが出生率（合計特殊出生率）である。

図表3－5　地元から未婚女性が転出超過するエリアで起こる自動的な出生率の上昇

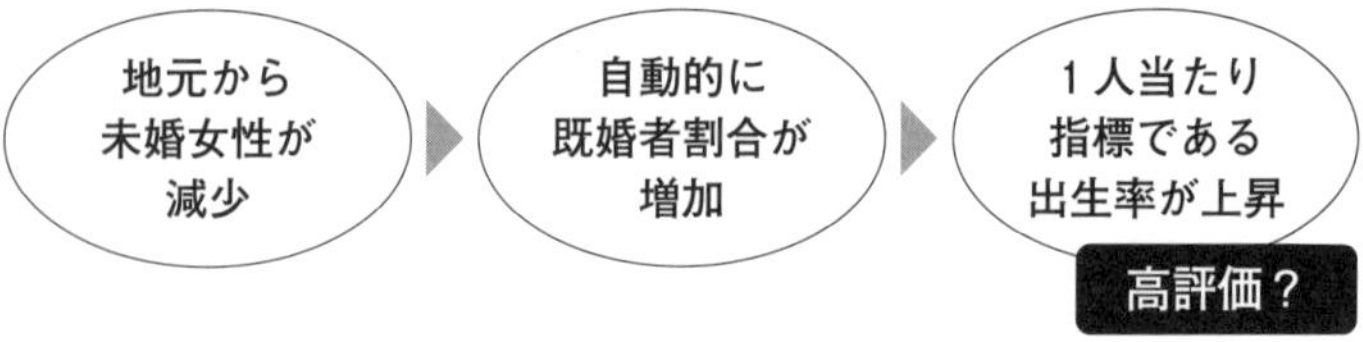

たく変わっていない、ということである。エリアの既婚女性が持つ子どもの数は不変であるにもかかわらず、未婚女性の転出超過によって出生率が上昇してしまっていることをしっかり確認しておきたい。

つまり、**地元に残った女性への少子化対策とは関係なく、（子育て支援とは無縁の）未婚女性が県外に転出超過する状況だけで出生率が上昇し、一見、少子化対策がうまくいったかのような錯覚を起こさせる**ことがみてとれる（図表３－５）。

以前、筆者の講演会を聴講した出生減に苦しむ東北のある経済団体の方から次のような連絡をいただいた。

「新聞に東北の自治体出生率ランキングが掲載されたが、ランキングの上位は過疎が進む中山間地域ばかりだった。そのなかにポツンと比較的若い世帯が多い大型団地があるＡエリアがランクインしていた。そのＡエリアはまだわかるが、あとの自治体はどうみても『高出生率だから少子化対策がうまくいっている』とは解釈できないとようやく気がつけるようになった。これまでは、Ａエリアがランキング上位にあるということだけで『出生率がよい＝非少子化である』と納得し、あとのエリアが持つ矛盾にまで考えが及んでいなかった。未婚の女性がエリア外へ出ていくことだけで出生率が上がるという天野先生の講演を聴いていたので、ランキングの結果の示す意味が理解できた。これまでの誤解を考えると恐ろしい気持ちだ」

コロンブスの卵であるが、そのエリアから独身女性が去れば去るほど、既婚者割合が上昇し、エリア内の女性1人当たりの出生数は高く計算される。出生率上昇に安どし、地元からいなくなった女性が授かるはずだった赤ちゃんが地元では授かれなくなってしまったという大きな損失には目が向かないまま、出生数が縮小ループで激減していくルートをそのエリアはたどることになる。

若い女性を受け入れるほど「劣等生」のレッテル?

次に、東京都や都市部といった女性が転入超過しているエリアの出生率の変化イメージを解説する。若い未婚女性が就職期をメインとして地方から大量に転入超過している状況にあるので、出生率の分母となる未婚者割合は高止まりする、もしくは増加傾向となる。第1章でも説明したが、婚外子比率が2%程度の日本では、**未婚者割合の増加は出生率の低下をもたらす結果に直結**している（図表3－6）。

図表3－6　都市部における未婚女性の転入超過エリアの出生率の変化（イメージ）

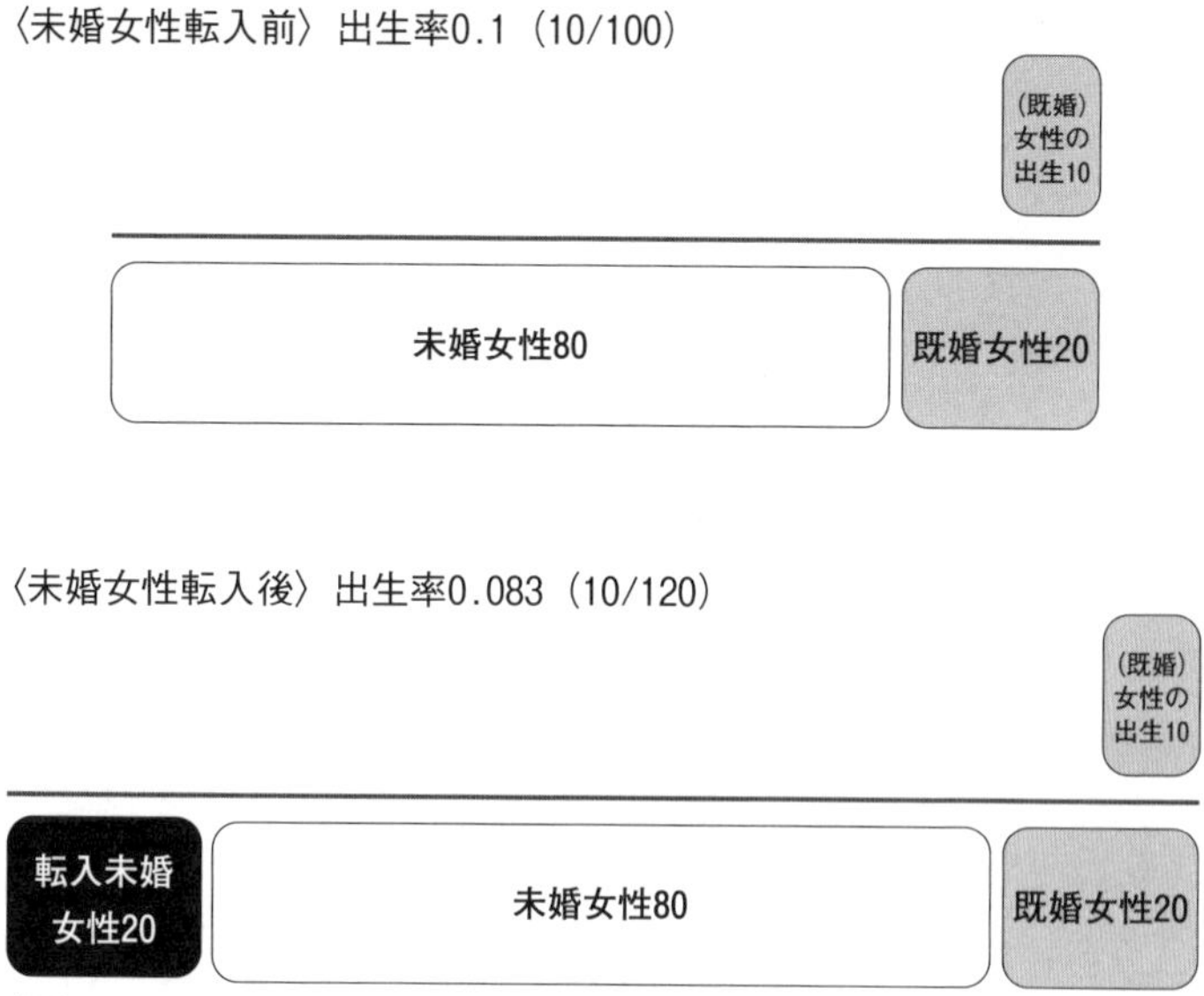

（注）　この計算を15～49歳までのそれぞれの年齢で行い、すべてを足したものが出生率（合計特殊出生率）である。

図表3－7　未婚女性が大量に転入超過しているエリアで起こる自動的な出生率の下落

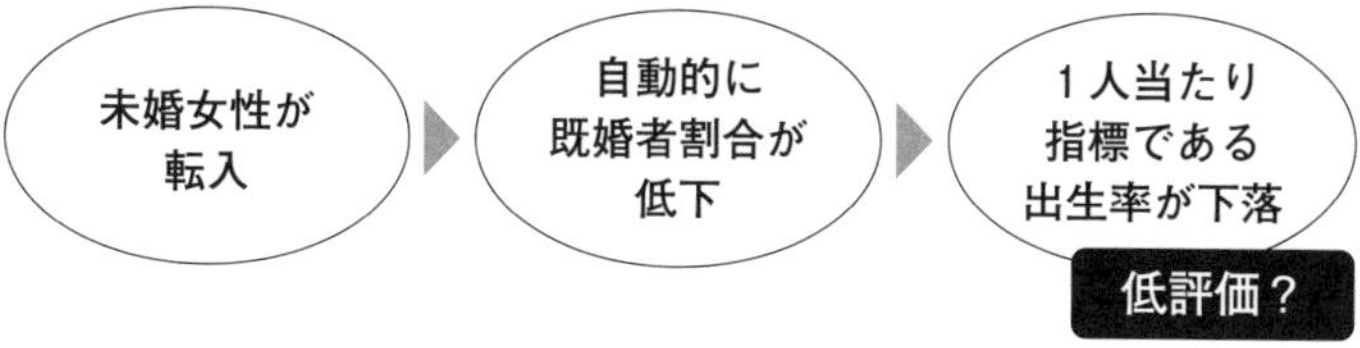

つまり、未婚女性が継続的に転入超過するエリアでは、どんなに子育て支援などの出産後対策を実施したとしても、出生率だけをみれば低水準が続く可能性が高くなる。つまり、未婚女性人口が絶え間なく転入超過する都市部では、少子化対策に関係なく出生率が低下するという現象が発生するのである（図表3－7）。

「出生率の低い東京都へ女性を送り込むのは、少子化につながるので〝悪〟だ！」というような議論は、人流の影響を無視した、因果関係の典型的な逆読みであることに気がつかねばならない。

「地方から都会へ大量に若い女性が流出しているため、転入超過となる都会は出生率が低くなる」ことを理解せずに都会を責めるのはまちがっている。むしろ実は、**頑張らねばならないのは東京都よりも、出生率が高いことを根拠に安心し、若年女性の大量流出による減少を止めることができずに出生数が激減し続けている地方部**なのである。

「〝近い将来において家族形成力の極めて高い〟若い女性の地元からの流出を食い止めることに地方部がやっきにならないのはどうしてなのか」が課題であることに気づくのが地方少子化対策の一丁目一番地である。

Column

知っておきたいデータの読み方③

カナダは低出生率でも、出生数維持において良好

日本ほど急速には進行していないものの、少子化は世界中の先進国共通の課題でもある。少子化がもたらす労働力不足と労働力の高齢化というテーマにどの国も直面する昨今、カナダはダイバーシティー国家を標榜し、今や積極的な移民受け入れ政策においてG7、もっというと世界のトップランナーに立っている。カナダの総人口は2023年に4000万人を初めて突破したと報じられた。1年間で100万人以上が純増しており、その98％が労働者や学生としての純移民であると海外通信社が報じている。カナダの移民割合はすでに2割を超えており、割合にして日本の10倍の移民規模となっている。

国境を越えて移住する労働者や難民、留学生を歓迎して受け入れ続けるカナダは、今後も急ペースで人口成長が続くと予想されている。しかし、当然ながら若い移民が多いために女性1人当たり指標である出生率は2020年以降、1・3から1・4という低水準で常に推移していることも併せて注目したい。大量の移民受け入れで2023年は1・4から1・3への出生率の下落が報じられているが、その一方で、少子化に関して人口データ

をみてみると、0～4歳人口が10～14歳人口の94%水準を維持しており、日本の82%水準と比べて少子化度合いには大きな隔たりが生じている（総務省「世界の統計2023」より算出）。

若い女性が集まる「未婚割合が高い」都市部は、世界各国において出生率が低い。都市化が女性に子どもを産まなくさせると思うかもしれないが、それは誤った認識である。若い女性が離れていくエリアにおいては、地元に残る女性たちが（仕事が不安定なために）早婚傾向になりやすい。加えて、出生率に大きな影響を持つ若い年齢層において未婚女性が去ることによって既婚割合が自動的に高まることから出生率が上昇する、というギミックがあることを忘れてはならない。

去り行く女性を無視した出生率の無力さ

これまでの説明で、

❶ 出生率からくる少子化イメージと実際の出生数維持力がかみ合わない
❷ 計算上、出生率は（女性）人流の影響を受けて増減する
❸ 若い女性が出ていくエリアは出生率が上昇しやすく、若い女性が集まるエリアは出生率が低下しやすい

という、出生率の計算上の極めて重要な仕組みの理解とともに、ランキング形式でみた場合での矛盾に気づくことができたと思う。少し難しいかもしれないが、併せて計量統計的な検証結果も示しておきたい。

２０１１～２０２２年（12年間）の都道府県別の出生数と出生率の推移を、政府のオープンデータから取ることができる。このデータを用いて、都道府県別の期間平均出生率と出生数維持割合を計算し、相関分析を行った（図表３－８）。

その結果、都道府県における平均出生率と出生数維持割合の相関係数は０・１５５となった。相関係数０・１５５は「測定した2データの間の連動性がない」ことを明示しているため、「12年間の都道府県の平均出生率の高低と出生数の増減の間には関係性がない」という結果となっている。つまり、都道府県の出生率の高低で少子化度合いを比較・評価することはまったくできない、という結果である。

グラフのY軸で突出した位置を示している東京都（出生率1・56、出生数維持割合86％）を

図表3－8　2011～2022年（12年間）における平均出生率と出生数維持割合の相関関係（都道府県）

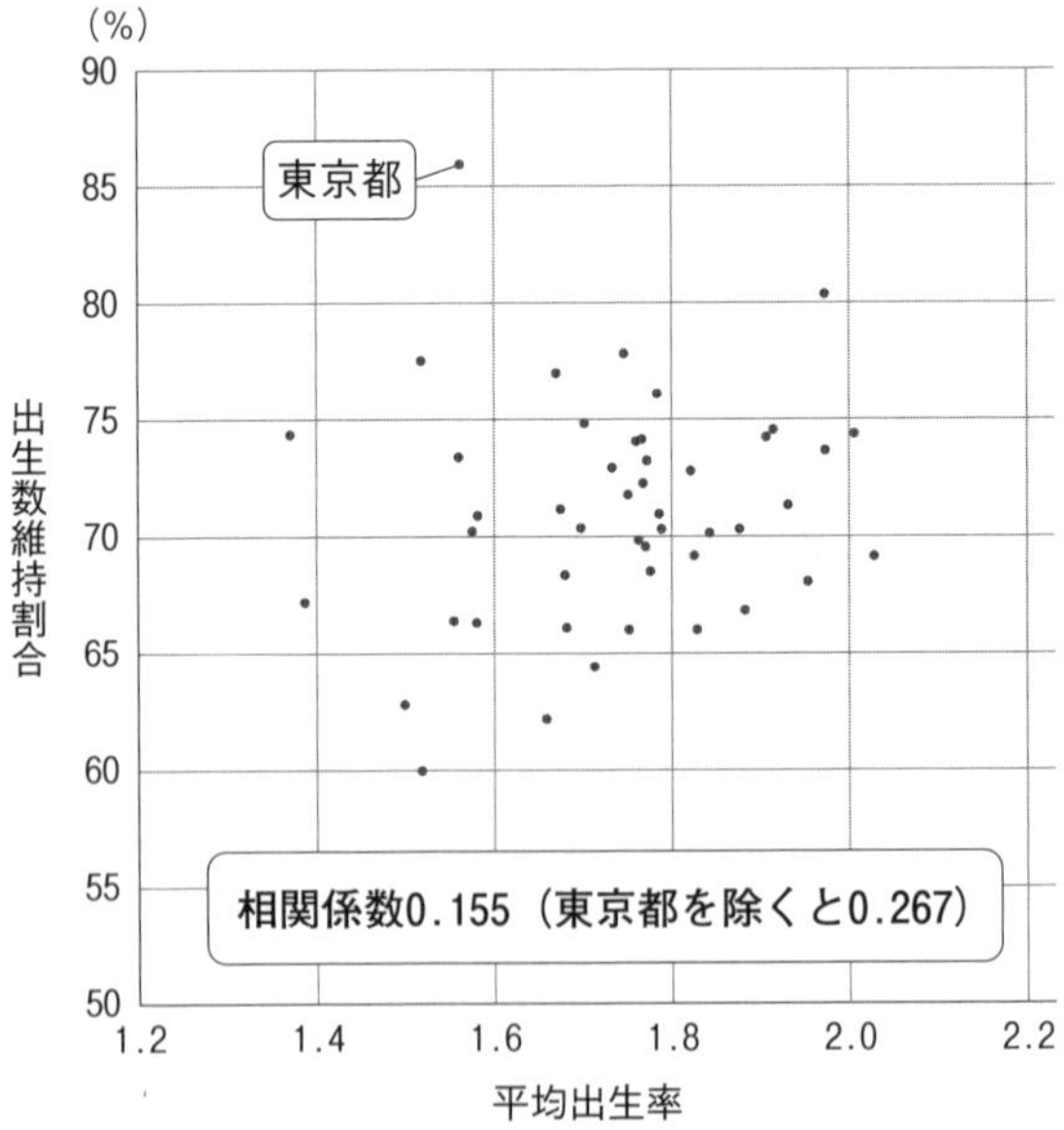

出所：厚生労働省「人口動態調査」より筆者作成

外れ値として除去してみた46道府県の分析でも、相関係数は0・267で「弱い正の相関がある」にとどまっている。つまり、出生数増減に対して出生率の高低での説明力はまったくないわけではないが、弱い、という結果となっているのである。

出生率は、計算式上、人流がなければエリア内の女性の生涯出生力の変化を正確に測定できるものではあるが、若い女性を中心に転出超過が発生しているエリア（主に地方部）では、「いくらエリアに残った女性を応援していても、エリアに残った女性1人当たりの出生力強化だけでは、エリアから去った女性が授かるかもしれなかった出生数を補いきれない」という結果になっている。

都道府県単位での出生率の高低と出生数維持割合の高低との間には、因果関係がないという結果であるが、人口母数がもっと小さな単位での比較の話となると、その自治体から1人の女性が流出減することによる、自治体の出生減への影響が非常に大きくなる。

つまり、100人の女性のうちの1人がいなくなることによる出生減と、10人の女性のうちの1人がいなくなることによる出生減では、そのエリアへの将来人口（＝赤ちゃん）減少ダメージがまったく変わってくる、という話である。

たとえば、前掲の図表3－2で示した2015～2022年（8年間）の出生数維持割合のランキングで最下位となった（47都道府県で最も出生減少率の高い）岩手県のケースでみてみよう。

岩手県には33市町村がある。この33市町村の2012～2021年（10年間）の平均出生率と出生数維持割合で相関分析を行ったところ、相関係数がマイナス0・55という結果となった（図表3－9）。

相関係数がマイナスという「負の相関関係」であるので、「出生率が高い市町村ほど、出生

図表3－9　2012〜2021年（10年間）における平均出生率と出生数維持割合の相関関係分析（岩手県33市町村）

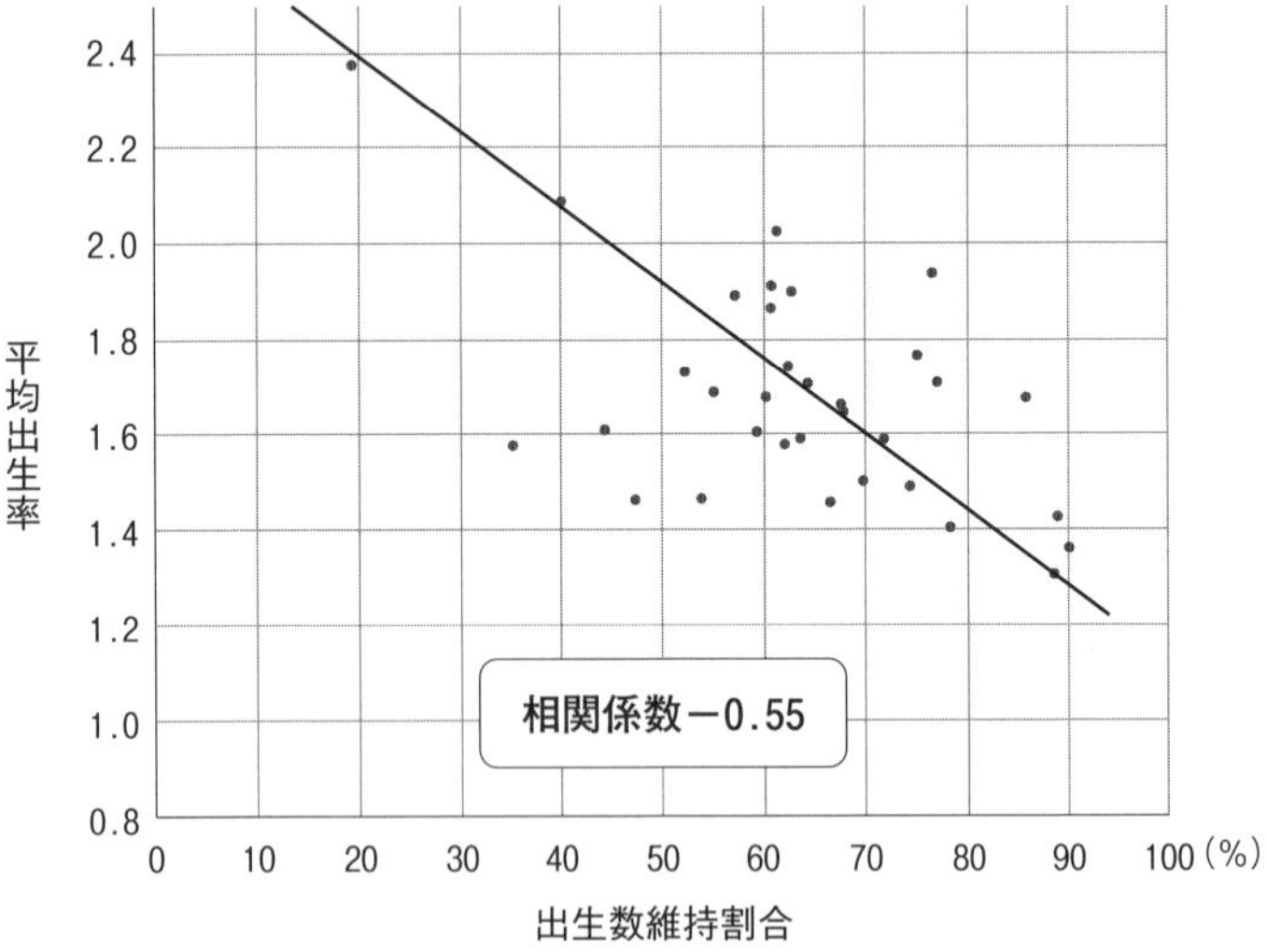

出所：厚生労働省「保健福祉年間」「人口動態調査」／岩手県データ提供協力

減が激しい」という結果が示されている。また、0・55という数値は「両者には相関関係が確かにある」という水準である。

前述の未婚女性の人流が出生率計算にもたらす影響を示した計算式が、そのまま当てはまるような結果となっている。岩手県においては、未婚女性が地元から出ていくことによって、（地元女性の母集団の既婚割合が自動的に上昇し）出生率が女性の社会減に連動して上昇してしまっている。その一方で、社会減した女性の影響を受けて出生減が大きく進んでいるといえよう。

このような自治体において、もし出生率の高低を少子化対策のベンチマークとしてしまった場合、とんでもない政策判断を招いてしまう。

出生率が高いエリアほど赤ちゃんが大幅減しているにもかかわらず、そのようなエリア（統計的には中山間地域が多い）をお手本にしましょうと、「○○村の出生率が高いのは自然が豊かだからだろう」「3世代同居が多いからだろう」「妻が働いていない、もしくは会社員が少ないことがよいのだろう」「家が広いからだろう」「立派な戸建てが多いことがよいのではないか」などといった誤解に基づく印象論がまかりとおることとなる。

つまり出生減でみればだめなエリアほど礼賛される状況下で、その自治体の出生減が加速化していくという、「人流がもたらす出生率の罠」にとらわれてきた自治体は少なくないのではないかと筆者は考えている。なぜなら、岩手県ではなく別の県においても「出生率が非常に高い○○市に若者を誘致すればよいのではないか」という施策が検討されたケースが過去にあったからである（因果関係のまったくの逆読みである）。その自治体は県内でも若者の就職期の流出が目立つエリアで過疎化が進んでおり、出生率の計算の仕組みを理解していれば、未婚女性がいなくなることで出生率が自動上昇していることは明らかであった（図表3－10）。

このような場合、まずは「なぜ若者が○○市から出ていってしまうのか」ということの原因への対策が最優先である。「出生率の高いエリアに若者を誘致すればよいのだ」などという誤

図表3－10　出生率が持つ人流の罠

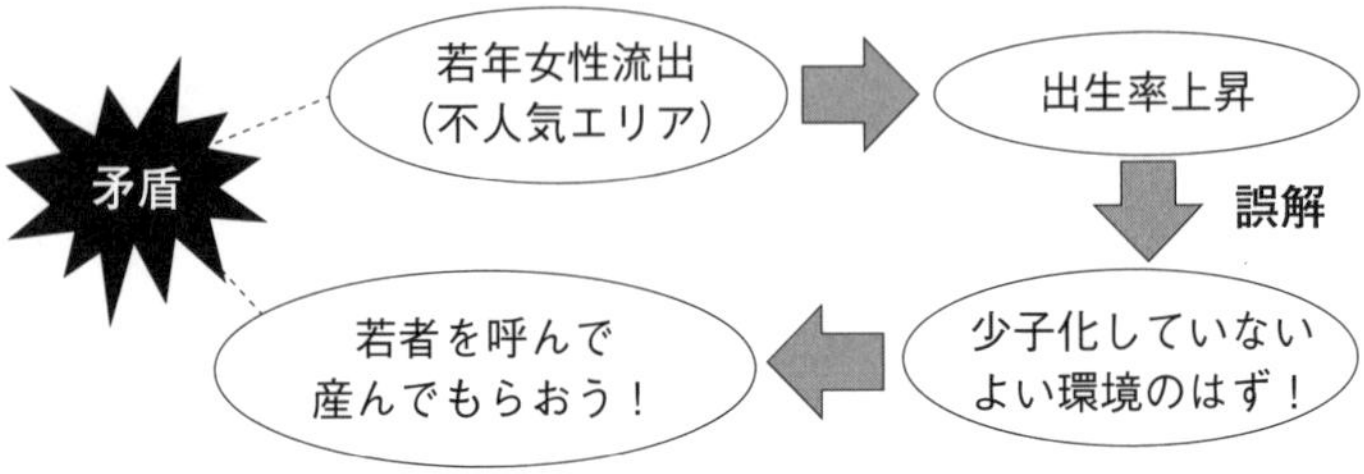

解に基づいた政策は、無理難題なことをいっているにすぎないのである。

以上は都道府県を筆頭に、自治体出生数の全体の増減の状況を女性1人当たりの持つ子どもの多さで正確に測定することが「もはやできないレベル」にまで地元から女性がいなくなっている、女性が流動化している、ということを示している。

地方創生関連2法施行から10年目となる2024年現在でも、いまだ地方の出生数が大幅な減少を続けていることについて、科学的な解析と説明が行われていないことをこの章から痛感した読者は多いのではないだろうか。

日本のマクロとしての少子化は、「カップル成立なくして、出生なし」が犯人であり、地方における少子化は「若年女性の定着なくして、カップルなし」が真因といえる。

（注）1　第2次ベビーブームが1971～1974年であるので、1975年との比較は当時の前後の年の出生トレンドと比べ

て極端に出生数が多い年との比較にはなっていない。

2　「出生『数』変化で知る都道府県の『本当の少子化』(1)─出生率比較の迷走からの脱却を─」（ニッセイ基礎研究所、天野馨南子、２０２３年5月12日）

3　人口の「転出」は、人口が移動する一方向の流れであるため、十分な「転入」があれば、エリアの人口は減らない。「転出超過」（「社会減」ともいう）は、双方向の流れの結果である（転入数より転出数が多い）ため、エリアの人口が減る。「転出」と「転出超過」の混同には注意したい。なお、「転出」は、移動の自由、多様な価値観の観点から、それ自体を問題とするべきではない。

第4章

地方から流出する結婚適齢期前人口

1 東京一極集中の現実

女性が主導する日本の人口移動

第1章でEBPM（証拠に基づく政策立案）について触れたが、地方の人口減少という課題を人口の社会増（移住による転入超過）で解決するための地方創生政策も筆者からみれば、非EBPMを象徴する代表的な政策の1つである。「少子化」「人口減少」「東京一極集中」「地方創生」などは、いずれも人口問題であるが、どれもその実態を統計的に正確に捉え、科学的な対策議論が行われているとは、筆者はとても思えない。

第3章において、若い未婚女性が地元を去ることによる出生率の上昇によって、出生減への危機感を正しく持てない状態が主に地方部で誘発されていることが、地方の人口減対策においては大問題であることを指摘した。地方の少子化対策計画において「女性の県外流出を防ぎましょう」などという大々的なキャッチフレーズはみたことがない（注1）。

地方の人口減を加速化させ、エリア内の出生率の高低への評価を無効化させている女性の流出についてさらに理解を深めるために、地方から出ていく若者について、統計的な解説を行いたい。特に今の日本においては、地方からの若者の流出は「東京一極集中」の説明に集約することができるので、**東京一極集中についてフォーカス**し、

❶　いかに非科学的な議論が続けられてきたか

❷　正確な実態とは何なのか

❸　その解決策は何なのか

の3点について、順に解説したい。

東京一極集中の単年度分析結果を解説する前に、まずはバブル期から2022年の30年超にわたる東京一極集中を筆者が観察して得られた「人口動態のルール」について説明したい。

バブル期を起点とする東京都の人口の社会増減（転入数－転出数）は、そのトレンドから次の4つのステージに分けることができる（**図表4－1**）。

・第1ステージ　地方拡散期　1986～1995年

・第2ステージ　東京一極集中加速期　1996～2008年
・第3ステージ　男女格差固定期　2009～2015年
・第4ステージ　男女格差拡大期　2016年以降

(1)　第1ステージ　地方拡散期（1986～1995年）

バブル景気は、景気動向指数（CI）でみると1986年12月から1991年2月までの51カ月間を指す。不動産を中心とした資産価格の急激な上昇とそれに伴う異常な好景気が発生したことを記憶している50代以上の読者は少なくないだろう。実はすでにこのバブル期から、都道府県間の人口移動はその後も続く、ある大きな特徴をみせている。

バブル景気に入ったとされる1986年に**東京都の転出超過がまずは女性から発生**した（5981人転出超過）。その翌年の1987年には、堰を切るように男女ともに東京離れ（転出超過）が万人単位で発生している。その後、バブルが最高潮を迎えた1989年末（日経平均が当時史上最高値更新）に向けて、東京都から地方への人口拡散が拡大していった様子が**図表4－1**からわかる。男女ともに、都市部にこだわらず日本中のどこにいても、ある程度よい仕事があるといった好景気を感じられる時代であったことが人口動態からもうかがえる。

図表４－１　東京都の転入超過数の長期推移（バブル経済以降）

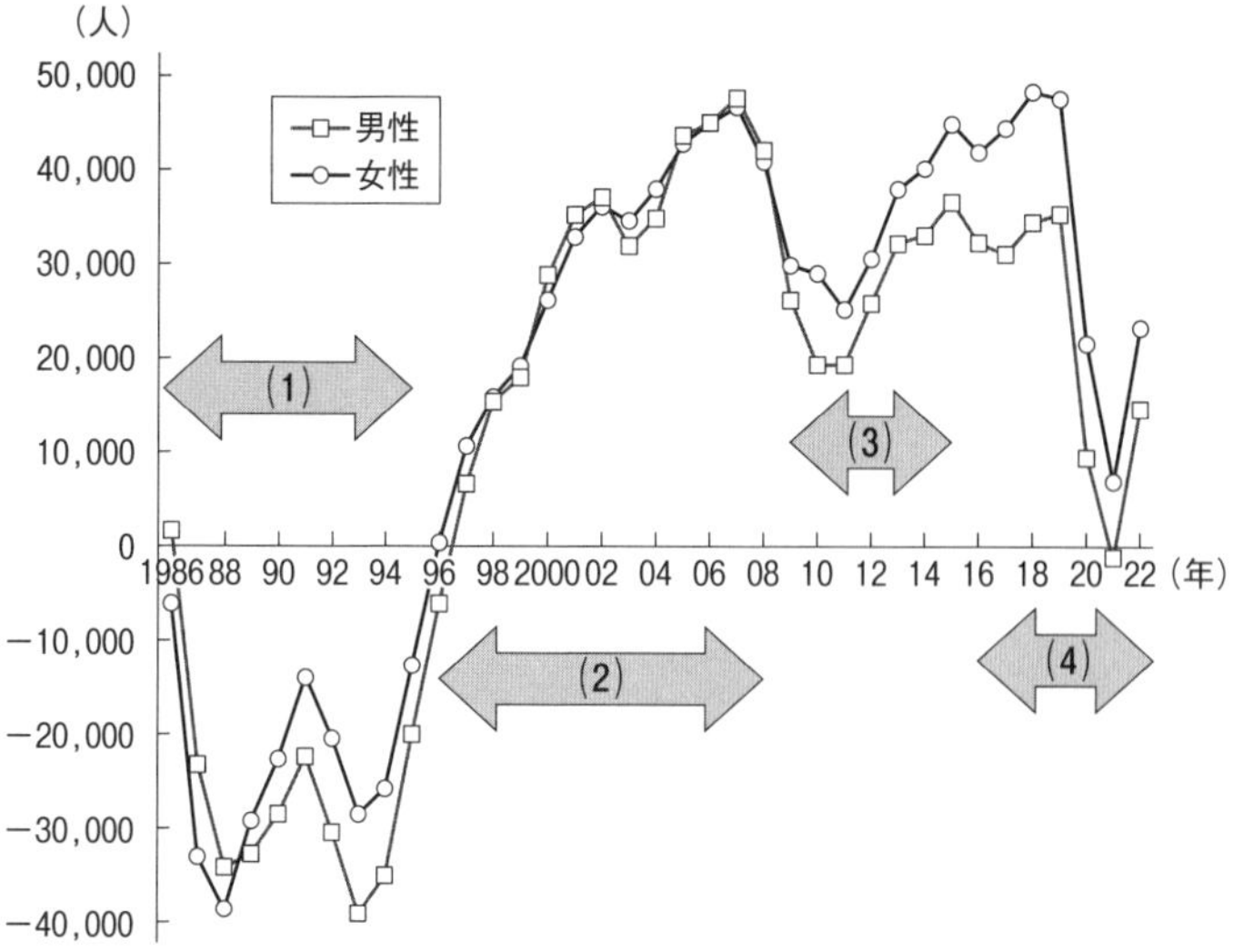

出所：東京都「住民基本台帳人口移動報告」より筆者作成

(2) 第２ステージ　東京一極集中加速期（１９９６～２００８年）

しかし、１９９１～１９９３年のバブル崩壊を契機に東京都から地方への人口の拡散（東京都の社会減）のトレンドは終焉を迎えることとなる。１９９６年には**東京都において女性の転入超過が発生し、１９９７年には男女ともに転入超過となる。今度もやはり「女性から」人口トレンドの変化が動く**こととなった。

実はこの後も同様に、**女性人口の移動はいつもその後に発生する**

大きな人口移動の予兆となる。図表4－1は住民基本台帳における移動を分析しているが、住民票を移動させるような「それなりの覚悟を伴う移動」は、その大半が**就学時ではなく就職時に発生する**（注2）。不景気のもとでは、独身男性よりも非正規雇用など雇用が不安定な職に圧倒的に多く就いている独身女性のほうが「就業の居場所」を奪われやすい。これが景気変動に敏感に反応して男性人口に先駆けて女性人口が動く現象の大きな理由の1つと考えられる。

コロナ禍で非正規中年女性の自殺増が問題視されたが、不景気の影響が生活基盤を揺るがす順番は、その経済的な安定度から考えて「独身女性→独身男性→既婚男女」である。現在と異なり1990～1995年の日本では、50歳時未婚の男女割合は1割未満であり、30代前半までに男性は「妻子を持って当たり前」の社会だった（注3）。そのため景気が悪くなるとまずは「家族を養う男性の雇用を守れ」が王道の発想となった。このような社会においては**不景気は独身女性に最も厳しく、職を求める女性の移動に強い推進圧力を持つ**ことになる。

(3) 第3ステージ　男女格差固定期（2009～2015年）

継続的な転入超過で社会増が右肩上がりの東京一極集中だったが、2008年のリーマンショックによって増加規模こそ低下に転じたものの、翌2009年から新たな傾向が発生する。女性の転入超過数が恒常的に男性のそれを上回るようになったのである。**東京一極集中と**

いえば「女性が男性より多い」という構図がこの時期に盤石となったといえる。

２０１０年には男性の１・５倍（２・９万人）の女性が東京都に転入超過するなど、この期間はおよそ男性の１・２倍程度の女性人口が平均して東京に社会増する状態が恒常化する。不景気という意味ではバブル崩壊時と同じであるのに、なぜ今度は女性が男性を常に上回るような東京一極集中に変化したのか。この背景には女性の労働に関する法律の整備があげられる。

バブル崩壊中の１９９２年に育児休業法（現在の育児介護休業法）が施行され、女性の就労継続環境が大きく向上したとはいえ、**育児休業制度が社会で定着し、女性労働者の育休取得経験者が一定数蓄積されるには早くても10年程度はかかる**。筆者は１９９５年に大学を卒業して新卒就職をしたが、育休を取得した女性は入社して５年経過した２０００年あたりでもまだ珍しい存在だった。筆者自身が育休を取得したのは２００６年だが、保育園のママ友のなかには、勤務先（小規模企業に勤務）の育休取得者として栄えある第１号だ、という方もいた。こういった育休取得のロールモデル的女性が一定数に増え始めた時期と、２００８年のリーマンショックの時期は見事に重なっていた。つまり、バブル崩壊時とは異なり、育休取得をした先輩女性が増えるなかで、単なるその場しのぎの雇用先としてではなく、**結婚・出産をしても就業継続できそうな雇用環境を持つ企業を目指し、より多くの高卒・専門卒や大学新卒女性たちが東京都を目指して動いた**結果ともいえるだろう（注４）。

(4) 第4ステージ　男女格差拡大期（2016年以降）

統計的にみた結論からいえば、地方創生が謳われれば謳われるほど東京一極集中は量的に加速し、集中人口の男女差も拡大してきた。地方創生関連2法は2014年11月に成立したが、一極集中の男女差は1・23倍（2009～2014年）から1・45倍（2015～2022年）へと拡大し、統計的にみて地方創生政策は失敗に終わったといえる。なぜ第3ステージよりもさらに東京への人口集中が加速し、男女の集中規模のアンバランスが拡大（地方創生が失敗）したのか。背景にある法律の影響や問題点を2点、解説したい。

1つ目は、2016年施行となった**女性活躍推進法**である。この法律は企業における女性の活躍状況（勤続年数、管理職比率、育休取得率など）を自社で調査し、改善に向けた「行動計画」を国に提出するというものである。今の学生たちの価値観に親和性の高いジェンダーレスな雇用を目指す行動計画の策定とともに、情報公開が求められ、情報ポータルサイトも開設された。全企業に適用される法律ではあるものの、2016年の法施行当初は従業員300人以下（2022年4月からは100人以下）の企業は行動計画の提出が「努力義務」とされた。女性の社会減を主因として進行する一極集中の実態を鑑みれば、行動計画の提出は地方ほど取り組む意義があるものであったにもかかわらず、地方は努力義務に該当する中小企業の事業主が大半であり（中小企業庁公表数値によれば、2016年6月時点の大企業1万1157社のうち4580社、41％が東京都の企業であった）、行動計画を提出する企業は多くなかった。結果的に、就職を前にした学生たちの視点に立てば、**女性活躍推進の企業意思が明確に読み取れるのは東京都の企業が大半**という状態が発生したのである。

2つ目は、2014年成立の**地方創生関連2法**である。マスコミで初めて「地方消滅」という言葉が取り上げられたのは、同タイトルの本が出版された2014年である。地方創生関連2法の制定は地方人口減の危機感醸成と、それに対する国の取り組みの本気度をみせるものではあったが、就職目前の学生の視点に立てば危機感の増大が先行する。しかも、今の学生が描く就職後のライフデザインに合った施策が地方創生政策として同時に公表・遂行されているならばまだしも、若者たちの就労価値観を反映した地方創生の諸策が打ち出されているわけでなければ「やはり地元ではだめだ」とばかりに、地方からの人口流出が促進されかねない。結果的には、2法施行前よりも東京一極集中を強める方向に人口動態が動いたことを図表４−１は明確に示している。

このように止まらぬ一極集中と集中人口の男女格差拡大のなかで訪れた**コロナ禍は、地方ではいかに男性に比べて若い女性が思い描く居場所、つまりやりがいがある雇用がないか、ということを明確に示唆する人流データを残す**こととなった。

コロナ禍初年である2020年は感染リスクが高い首都圏を嫌って地方の転入数が増えたという実態はなく、感染を警戒した出止まり（地方からの転出減）によって、東京都の転入超過は対前年比4割水準（3・1万人）にまで大きく低下した。一方で、男性の2・2倍となる2・1万人の女性が東京都に純増し、**東京一極集中が始まった1997年以来、最大の男女格差**をみせた。当時深刻な感染拡大状況であったことを考慮しても、「東京都に社会増する女性が男性の2・2倍であった」という事実を地方は重く受け止めねばならない。

いまだ「女性は（男性より）華やかなところが好きだから」といった意見を唱える方やそういった印象をあえて強めるような取材報道を散見するが、コロナ禍では、ディズニーランド（千葉県）は休園を余儀なくされ、地方学生が「祭りだろうか」と勘違いする渋谷のスクランブル交差点も人影まばらとなった。男性よりも女性が「華やかなところが好きだから」「キラキラした都会に憧れるから」地元を離れているならば、東京都への人口集中の男女アンバランスはコロナ禍で縮小するはずだが、結果は真逆である。

また、東京都への転入超過数が2020年は対前年比6割減少したといっても、東京都を取り巻く東京圏（神奈川県、埼玉県、千葉県）が東京都の企業に勤務しながらリモートワーク可能な居住地へと急速に変貌を遂げ、**東京都から「東京圏」への一極集中**を生み出したというのが統計上の実態である。都道府県間の移動制限が厳しかった2020〜2022年の3年間、常に東京圏には8万人以上の人口が社会増し、2022年には10・0万人台に復活するとともに、東京都の転入超過数は再び1位に返り咲いた。

東京都が生み出す「何か」が全国の若年男女、特に女性を惹きつけている。その「何か」に迫ってみたい。

地方消滅問題は、男性よりも女性を多く失っていることに起因する

「若者が出ていって、地元民が減っている」という、極めてどんぶり勘定の掛け声で地方創生政策を考えるケースが後を絶たない。筆者は公益財団法人全国市町村研修財団において、少子化への対応の自治体職員向け研修の講師も務めさせていただいているが、自らの自治体の移動による人口の社会増減を男女別、年齢別に回答できる研修生は皆無という状況である。

ちなみに人口の社会増減データは、国のポータルサイトで誰でもダウンロードが可能である。そもそも自らの自治体が国に毎月提出している住民票の移動データを国がまとめたものが公開されているだけなので、提出元の自治体において「データがありません」などということ

はありえない。しかし、研修に参加している学びの意欲あふれる自治体職員からでさえも「そのようなデータはないようです」「どうしたらそのデータを取れるのでしょうか」といった回答や質問が普通に出てくる状態である。

移動による人口減少を本気で止めたいと考えた場合、まずは**「誰が」「どのタイミングで」社会減しているのか、少なくとも年齢別×性別で把握してこそ有効な対策を立てることができる。**むしろ「誰が出ていっているのかわからない状況下で流出を止めよ」は、難題中の難題である。しかしながら、統計的にみるといずれの地方も、たとえるならば「風呂の巨大な排水栓をふさがずに、細いシャワーの水を少しでも増やすことを考えながら、風呂の湯が一向にたまらないと悩んでいる」状態にある。そもそも誰が地元から出ていって大きな社会減が発生しているのかということについて、正確に把握できていないケースがほとんどとなっている。

そこで、社会減の男女別の状況を正確な数値で確認してみたい（図表4−2、4−3）。

2022年単年の都道府県別の転出超過エリア、転入超過エリアの状況をまずみてみると、47都道府県中、転出超過となったのは77％の36エリアにのぼり、合計で11・5万人の男女が純減した。男女内訳をみると、女性が男性の1・3倍の減少（男性：女性＝4：6）となっている。**女性を男性より多く減らしたエリアは36エリア中30エリア**（83％）にも達する。

また、36エリア内の**男女差の倍率の分散が極めて大きい。**最大は北海道で、男性の27倍の

３３５３人の女性が減少した。北海道に加えて、男女差が10倍の大分県、女性のみが減少した群馬県、熊本県、栃木県では「もはや地方創生は女性減少対策のみに特化してもよいのではないか」ともいえる異様な人口減が発生している。

次に、**図表４－４**でコロナ禍の２０２０～２０２２年の３年間累計の都道府県の社会増減の状況も確認すると、コロナ禍による出止まりがあったにもかかわらず、47都道府県中39エリアで社会減となった。コロナ禍前の２０１０～２０１９年（10年間）累計では社会減エリアは37エリアであったので、社会減エリアがコロナ禍中に増加するという、都道府県間における人口の集中の格差拡大傾向がみられる。

コロナ禍の２０２０～２０２２年において社会減を引き起こした39エリア中、男性よりも女性が多く減少したエリアは34エリアにのぼり、転出減エリアの87％に達した。ここまでくると、**地方の社会減対策は女性の居場所づくりの問題**といっても過言ではないだろう。３年間で最も男女の社会減格差が大きかったのはやはり北海道（注５）で、純増した男性９３４人の８・３倍の７７５１人もの女性が純減した。次に格差が大きい順に、長野県（純増男性の５・４倍の女性減）、栃木県（４・１倍の女性減）、熊本県（３・４倍の女性減）などが続く。

社会減となった39エリア全体では男性の１・41倍の女性の社会減となり、コロナ禍前の10年間（２０１０～２０１９年累計）の１・30倍よりも格差が悪化した。エリア平均で社会減の６

27	高知県	−1,398	−426	−972	2.3	女性
28	沖縄県	−1,351	−835	−516	0.6	男性
29	鳥取県	−1,323	−618	−705	1.1	女性
30	富山県	−1,275	−303	−972	3.2	女性
31	宮崎県	−1,238	−364	−874	2.4	女性
32	奈良県	−1,227	−622	−605	1.0	男性
33	佐賀県	−901	−260	−641	2.5	女性
34	群馬県	−386	578	−964	−1.7	女性のみ減少
35	熊本県	−377	409	−786	−1.9	女性のみ減少
36	栃木県	−296	105	−401	−3.8	女性のみ減少
合計		−114,878	−49,188	−65,690	1.3	女性

出所：総務省「住民基本台帳人口移動報告」より筆者作成

図表4－3　2022年における転入超過（社会増）ランキング

順位	都道府県	総数（人）	男性（人）	女性（人）	女性／男性（倍）	多く増加した性別
1	東京都	38,023	14,664	23,359	1.6	女性
2	神奈川県	27,564	13,123	14,441	1.1	女性
3	埼玉県	25,364	12,828	12,536	1.0	男性
4	千葉県	8,568	2,557	6,011	2.4	女性
5	大阪府	6,539	1,239	5,300	4.3	女性
6	福岡県	4,869	1,759	3,110	1.8	女性
7	滋賀県	1,555	693	862	1.2	女性
8	山梨県	704	625	79	0.1	男性
9	宮城県	637	179	458	2.6	女性
10	長野県	595	556	39	0.1	男性
11	茨城県	460	965	−505	−0.5	男性
合計		114,878	49,188	65,690	1.3	女性

出所：総務省「住民基本台帳人口移動報告」より筆者作成

図表4－2　2022年における転出超過（社会減）ランキング

順位	都道府県	総数（人）	男性（人）	女性（人）	女性／男性（倍）	多く減少した性別
1	広島県	−9,207	−4,423	−4,784	1.1	女性
2	愛知県	−7,910	−5,951	−1,959	0.3	男性
3	福島県	−6,733	−2,823	−3,910	1.4	女性
4	新潟県	−5,830	−2,524	−3,306	1.3	女性
5	兵庫県	−5,625	−3,739	−1,886	0.5	男性
6	岡山県	−5,527	−2,665	−2,862	1.1	女性
7	長崎県	−5,219	−2,195	−3,024	1.4	女性
8	静岡県	−4,658	−2,070	−2,588	1.3	女性
9	青森県	−4,575	−1,655	−2,920	1.8	女性
10	三重県	−4,505	−1,738	−2,767	1.6	女性
11	岩手県	−4,373	−1,745	−2,628	1.5	女性
12	愛媛県	−3,932	−1,686	−2,246	1.3	女性
13	岐阜県	−3,803	−1,412	−2,391	1.7	女性
14	福井県	−3,652	−1,649	−2,003	1.2	女性
15	山形県	−3,516	−1,462	−2,054	1.4	女性
16	北海道	−3,476	−123	−3,353	27.3	女性
17	山口県	−2,807	−848	−1,959	2.3	女性
18	秋田県	−2,754	−1,050	−1,704	1.6	女性
19	香川県	−2,642	−1,446	−1,196	0.8	男性
20	石川県	−2,360	−1,083	−1,277	1.2	女性
21	徳島県	−2,273	−934	−1,339	1.4	女性
22	鹿児島県	−2,272	−428	−1,844	4.3	女性
23	京都府	−2,034	−1,368	−666	0.5	男性
24	和歌山県	−2,020	−950	−1,070	1.1	女性
25	島根県	−1,802	−745	−1,057	1.4	女性
26	大分県	−1,601	−140	−1,461	10.4	女性

23	香川県	−6,046	−2,990	−3,056	1.02
24	大分県	−5,769	−1,522	−4,247	2.79
25	奈良県	−5,205	−2,951	−2,254	0.76
26	石川県	−5,029	−2,304	−2,725	1.18
27	富山県	−5,025	−1,554	−3,471	2.23
28	宮崎県	−4,995	−1,839	−3,156	1.72
29	高知県	−4,823	−1,627	−3,196	1.96
30	熊本県	−4,420	−1,010	−3,410	3.38
31	島根県	−4,172	−1,510	−2,662	1.76
32	佐賀県	−3,899	−1,507	−2,392	1.59
33	鳥取県	−3,359	−1,672	−1,687	1.01
34	栃木県	−2,707	−533	−2,174	4.08
35	長野県	−1,370	308	−1,678	−5.45
36	群馬県	−406	1,662	−2,068	−1.24
37	宮城県	−332	−246	−86	0.35
38	茨城県	−255	2,394	−2,649	−1.11
39	山梨県	−59	615	−674	−1.10
転出超過 39エリア合計		−326,165	−135,321	−190,844	1.41

（注）■：男性は転入超過（社会増）、女性は転出超過（社会減）
■：男性、女性ともに転出超過、かつ「転出エリア39エリア合計」の平均以上の男女差

出所：総務省「住民基本台帳人口移動報告」より筆者作成

図表４－４　コロナ禍（2020～2022年）の転出超過（社会減）ランキング

順位	都道府県	合計（人）	男性（人）	女性（人）	女性／男性（倍）
1	広島県	−21,636	−10,277	−11,359	1.11
2	福島県	−19,530	−8,375	−11,155	1.33
3	愛知県	−17,953	−13,162	−4,791	0.36
4	兵庫県	−17,834	−11,556	−6,278	0.54
5	長崎県	−17,497	−7,786	−9,711	1.25
6	新潟県	−17,375	−7,539	−9,836	1.30
7	岐阜県	−14,733	−6,103	−8,630	1.41
8	青森県	−13,490	−5,470	−8,020	1.47
9	静岡県	−13,031	−5,269	−7,762	1.47
10	三重県	−11,833	−4,975	−6,858	1.38
11	岩手県	−11,336	−4,280	−7,056	1.65
12	岡山県	−11,152	−4,926	−6,226	1.26
13	愛媛県	−9,936	−3,956	−5,980	1.51
14	京都府	−9,855	−6,264	−3,591	0.57
15	山形県	−9,547	−3,791	−5,756	1.52
16	山口県	−9,293	−3,132	−6,161	1.97
17	秋田県	−8,457	−3,244	−5,213	1.61
18	和歌山県	−6,942	−3,062	−3,880	1.27
19	福井県	−6,872	−2,754	−4,118	1.50
20	北海道	−6,817	934	−7,751	−8.30
21	鹿児島県	−6,773	−1,605	−5,168	3.22
22	徳島県	−6,402	−2,443	−3,959	1.62

割が女性減に起因するため、地方創生諸策の6割は少なくとも女性の定着のための対策でなくてはならないが、そのように感じられる説明を伴った地方創生政策が講じられた社会減エリアを少なくとも2022年まで筆者は目にしていない。

Column

知っておきたい人口動態

北関東は男性の「婚難」エリア

短期でみても長期でみても北関東エリア（茨城県、群馬県、栃木県）は際立った男女社会減格差を持つ、女性減少に特化しているといってもいいほどの女性減エリアである。

そもそも東京一極集中下においては、「東京都からそれほど遠くはない」「東京都へ通勤するには遠い」という2条件を満たすエリアが最も不利な立場となっているが、これに東北圏、中部圏、北関東が該当している。

数字でみると、このなかでも北関東は驚くほどの男女の社会減格差があり、「このような状況では、地元に残った若い男性は結婚したくても同世代の相手がいないのではないか」と不思議に思っていたところ、結婚を支援する業界では「北関東は男性余りで男性が結婚難民になりやすいのは有名な話である」ということが、筆者が主宰する研究会に所属する結婚支援団体（自治体センター、結婚相談所、NPO等）から伝わってきた。

首都圏という巨大な消費を生み出すエリアに近い立地であることから、わざわざ首都圏で就業しなくても「伝統的に男性の仕事とされる就業先」が多くあること、長男跡取り文化が根強いことなどから、首都圏の近くに住む男性は地元に残りやすい。しかし、女性はその逆であり、さほど遠くない首都圏に多様かつ潤沢な就業先があるため、就職で地元を去っている。実家から首都圏が遠くないことも、女性が地元を離れる決心を促しやすい。

しかしその弊害として、20代に入った男性が結婚を希望する場合、結婚相談所でも、マッチングアプリでも、北関東で婚活する女性は男性に比べて少なく、出会える女性が極端に少ないという問題が顕著となっている。

女性にとって、婚活イベントは「東京都よりも北関東のほうが若い男性が多くて、とてもよい」ものの、「今の仕事を辞めるつもりはないし、それならいっそ彼に転職してもらってこっちで働いてもらったほうが賢い選択よね」という結論になる。こうした流れに対し、今後、北関東エリアがどう向き合っていくのか注目されるところである。

2

「就職期」に消えゆく地方の次世代人口の未来

東京の転入超過は20代前半人口に集中

ここまでは男女別で東京一極集中、つまり地方創生が奏功していない理由となる人口移動の実態を解説した。講演会において、この男女差の説明の段階で「意外だった」との声があがる。なぜ男性ばかりが注目されていたかというと、片道の転出数と転入数でみれば、全国どこも男性のほうが女性より量的には動いているからである。男性のほうがたくさん出ていき、たくさん戻ってくるが、女性は男性ほど出ていかないので目立たない。しかし、戻ってくる数が少ないため、結果的に男性よりも大きく減ってしまう。地方を去る女性は、それだけ覚悟を決めて中長期的な視野で地元を去ってしまっている、ともいえるだろう。

「東京に出てくるのは男性より女性のほうが少ないが、女性は覚悟を決めて出てきているので地元に戻らない。結果的に、東京は女性のほうが増えている」という筆者の話に、地方から東京に出てきた北陸出身のある20代前半女性（専門卒）が、まったくそのとおりだと激しく同意した。あまりの共感ぶりに理由を尋ねると、次のような話をしてくれた。

彼女の高校時代の同級生である女性Aさんは、「やりたい仕事があるから東京の大学に進学したい」と親に訴えた。親は「別に東京に行かなくても」とお金を出すことを拒んだので、Aさんは奨学金を得て東京の大学へ進学した。一方、Aさんの彼氏であった地元の名家の男性Bさんは「東京の大学に行きたいなら、出そうじゃないか」と、親にお金を全額出してもらって、Aさんを追っかけて東京の大学に進学した。2人は同棲していたが、Bさんはもともと学びたいという意欲が特になく、酒やたばこにおぼれて大学にも行かなくなった。あまりの堕落ぶりにAさんから決別し、振られたBさんは地元に戻っていった。

この話をしてくれた女性は「よくある話で、男子のほうが地元に逃げ帰ってきますよ」と笑った。筆者はこの話を聞いて、極端な事例とは特に思わなかった。地方においては「お兄ちゃんに進学費用を出すから、妹は奨学金か高卒就職で」といった考えを持つ親がいまだにいることを、地方に住む方々から聞いているからである。

図表4－5　東京都の転入超過人口における「男女別×5歳階級別」トップ10（2022年）

順位	性別	年齢ゾーン（歳）	転入超過数（人）	全体（3.8万人純増）影響度	年齢ゾーンより推量される主たる移動理由
1	女性	20～24	29,914	79%	就職（専門卒・大卒）
2	男性	20～24	27,239	72%	就職（専門卒・大卒）
3	男性	25～29	10,388	27%	就職・結婚
4	女性	25～29	8,847	23%	就職・結婚
5	女性	15～19	7,215	19%	就学・就職（高卒）
6	男性	15～19	6,580	17%	就学・就職（高卒）
7	女性	10～14	−17	0%	—
8	男性	10～14	−76	0%	—
9	男性	90以上	−166	0%	—
10	男性	85～89	−412	−1%	—

出所：総務省「住民基本台帳人口移動報告」より筆者作成

「誰がどうして地元から去っているのか」を知るために、男女別の次に、年齢ゾーン別データによって東京一極集中している人口属性を解説したい。

2022年の東京都の転入超過（全体で3・8万人）を「男女別×5歳階級別」でみると、分類される32パターンの人口属性のうち、わずか6パターンで集中が発生している（**図表4－5**）。

さらにいえば、1位の20代前半女性と2位の20代前半男性でほぼ社会増のすべての説明ができるような偏った人口集中が明確となっている。

東京都で社会増となったのは10代後半人口と20代人口のみである。コロナ禍前はその他の年齢ゾーンでもそこまで多くはないものの転入超過がみられたが、コロナ禍以降、「なぜ東京都に人口が集中するのか」がこれまで以上に誇張されるような人口集中状況となった。

10代後半から20代の男女の純増合計は９・０万人［A］で、それ以外の年齢層の人口純減が５・２万人、差し引き３・８万人の純増となる。純減している人口の年齢には大きな特徴がない。

純増人口のうち、大学進学の年齢ゾーンに当たる10代後半人口による純増はわずか１・４万人で［A］の15・３％にすぎない。20代の純増が［A］の84・７％を占めており、「20代人口の純増が東京一極集中の85％要因」である。東京一極集中は20代人口の東京への集中といっても過言ではない。そして、この20代人口の純増（男女計７・６万人）のうち、74・８％（５・７万人）が20代前半人口、つまり大学新卒（22歳頃）・専門学校卒（20歳頃）での移動であり、「**20代前半の新卒男女による就職移動が20代人口の東京一極集中の75％の要因**」である。つまり、特に新卒就職時に住民票を移動する**20代前半男女（2020年国勢調査では9割以上が未婚）への強力な地元誘致アプローチこそが、地方創生政策の最重点項目**なのである。ただし、雇用が最重点項目と聞いて、男女別の分析結果を忘れて男性職場を地元に増やそう、活性化させようとする発想に逆戻りしないように注意したい。

また、「地元から出さない」といった発想は多様性の観点から禁忌である。全国の**20代人口から就業地としての人気をどう得るかといった発想なくして「地方創生」などありえない**。なぜならば、人口の大半を占める中高年人口に比べて、今のZ世代以下の若年人口はＩＴを通じた情報収集にはるかに長けており、地元の情報も東京の情報も、もっというと日本語で判読可能な世界の情報も、並列的に目の前に眺めて判断する手段を持っているからである。

以上、第1章からの統計結果も含めて地方の急速な人口減の実態をまとめると、

❶ 社会減では大半において男性よりも女性が減っており、女性減がすべてといってよいエリアもある

❷ 社会減のほとんどが、20代前半で就職する若い男女である

❸ 「20代前半男女の社会減＝結婚適齢期前の人口減」であり、地元の未婚化（婚姻減）に直結している

❹ 男性より女性が減ることは、出生減により強い影響を及ぼすため、地元に残る女性の1人当たり生涯出生力（出生率）をいくら維持・強化しても、若い未婚女性の社会減がもたらす出生の機会損失により、出生数が大幅に減少している

ことが統計的に明確に説明される。

このように人口問題は、関係者が自らの経験で感覚的に語る「自分統計議論」で解決するよ

うな問題ではなく（これまでに本書で示した結果がよくわかっていた、という前提での感覚論ならよいが、実態はそうではない）、いかに科学的なアプローチで解決方法を導くことができるかにかかっている。

人口減に苦しむ自治体は、どんぶり勘定の総数で語る「増えた・減った」議論をすぐにやめて、地元の人口動態を統計的に正確に把握し、社会減実態に基づく科学的議論で解決法を採用したい。これができるかどうかに地方創生の未来、日本の少子化対策の成否はかかっているといえるだろう。

「異次元の」女性雇用に立ち向かう地方企業

地方の人口の未来を救うのは今どきの学生、特に女性に選ばれる雇用をいかに地元に雇用者が生み出すかにかかっている、という統計的な見解の話をすると必ずあがる声が２つある。

(1)「地方企業は人手不足でゆとりがないから、女性を雇用する余力がないのではないか」

これは実際に地方の有力メディアの方に尋ねられた質問であるが、それをいうならば、「人手が余っていたから」こそ、第2次世界大戦後、日本は戦前ではほぼみられなかった「専業主婦」という「女性の特殊なライフデザイン」を作り出し、これまで長く、人口の半分にすぎない男性主体で雇用を賄えてきたのである。人手不足ならばなおさら、共働きが当たり前だった戦前の日本のように女性人口を頼ればよい。

欧米先進諸国においても大戦中こそ女性人口の命を守り、自国民の命のリレーを引き継ぐ意味で、「女性を外に出さない」ことが当たり前となっていたものの、今では状況が一変し、たとえばフランスでは専業主婦という言葉が死語となっている。

歴史的に俯瞰するなら、女性が主たる労働力の一角となっていない状況で雇用を充足できるほうが「よほどゆとりがある経済環境下にあるのだろう」という話である。**日本全体が深刻な人手不足に見舞われている少子化社会のなかで、人口の半分をも占めている女性を活用して生き抜くことができない、その方法が思いつかない、と思っているような企業では、いずれにしても経営の未来はない。**

⑵「女性が喜ぶ仕事って何でしょうか」

これも非常に多い質問だが、「女性が喜ぶ」と質問する時点でアンコンシャス・バイアス（無意識の偏見）がかかっている。地方から首都圏に進学や就職で移動してくる20代男女にワークショップなどで毎年インタビューを続けているが、「お父さんから送ってきた地元の県が発行している就活雑誌の女性版をみましたが、観光・飲食業ばかりだったので、すぐに捨てました」といった声もあがった。また、ある自治体の首長は「わがエリアに女性の仕事ならあるのに。介護とか」とコメントした。

女性の仕事を観光・宿泊・飲食（笑顔のお仕事）、介護・看護・保育（お世話のお仕事）という「2大ママ延長線職」に縛りつけるのは、地方に出張していて非常によく出会う考え方である。

男女関係なく、あらゆる業種・職種において働ける雇用改革こそが必要不可欠であると気づきたい。東京圏に就職した地方出身女性のインタビューでは「就活ではまずは地元メーカーを回ったが、営業部署には男性しかいないといわれた。そこで、首都圏メーカーの採用ページをネットで検索して問い合わせをしたら、営業希望を歓迎されて、1週間で採用になった」といった声が複数あがっている。人手不足といいながらアンコンシャスに「若い男性不足」と考えているのが垣間みえることで、せっかく実家近くでの仕事を探し、地元民ゆえにその地元企業の存在をよく知ってくれている若い女性人材を取り逃がしてしまっている。その損失の大きさに地方企業が気づいていないことが残念でならない。

なお、「女性の仕事」で思考停止してしまう場合、高齢化が急速に進む日本においては、「70代以上男性社員だけで十分回せる職場」を早急に構築することと同じと考えて、働き方改革を進めたい。今や70代人口が最多世代人口となっている県も少なくないため、決して非現実的な話ではない。

いずれにしても**強固なアンコンシャス・バイアスによって、「人手不足」「採用難」といい続けている企業が非常に多い**。

しかし、「女性の正規雇用拡大や男女賃金格差是正」達成のために奮闘する地方企業の実例も出てきているので、なかでも特筆すべきすばらしい取り組みを紹介したい。

中部エリアの東証プライム企業（精密機器）A社は、その従業員規模から女性活躍推進法に基づく行動計画の提出義務があり、また、行動計画の推進を認定する「えるぼし」の取得も視野に入れている。女性活躍に力を入れている一番の理由は人手不足である。東証プライム企業とはいえ、今や東京圏に近い地方の企業にとって人手不足は深刻な問題で、同社の人事担当者は「企業は学生に選ばれる側」という認識をしっかり持っている。同社は女性雇用拡大のために10人程度の院卒技術職採用のうち7人を女性にするなど、女性人材の確保に尽力していた。しかし一方で、毎年50名程度の工場勤務（夜勤あり）は高卒男性のみを採用しており、結果的に女性比率をどうしても上げることができないことが悩みであった。

数年前、筆者はその悩みを打ち明けられ、「どうして工場勤務に女性がいないのですか」と尋ねた。人事責任者の回答は「工場は夜勤があります。そのため、子育て期の女性にはかわいそうで無理なのです」と率直な回答が返ってきた。筆者は「それでは、看護師は夜勤のある職ではないのでしょうか」と尋ねた。地方において看護職は高収入で女性活躍を代表するような仕事の1つと捉えられている面があり（というより当たり前のように看護は女性の仕事と考えている面がある）、地方創生施策において若い女性誘致のために看護学部を創設する例もみられた。看護師ならば、女性がなりたいと思うなら夜勤があっても気にならないし育成もするが、製造現場の工場夜勤は無理だろう、はアンコンシャス・バイアス（無意識の偏見）の典型例である。

自らの思いもよらない偏見に驚き猛省した人事担当者は、翌年には女子高生をターゲットとした工場勤務の採用活動を実施。当初の予想では「想像もつかなかった」状況で、毎年高卒女性の採用に成功し、着実に雇用数を伸ばし続けている。離職や部署移動、日勤への転換の願いも出ておらず、県内普通高校での同社工場の就職説明会では、何と出席者の7割が女子高生となっている人気ぶりであるという。「総論賛成、各論反対で、どうせ採用してもすぐに辞めてしまうだろうという役員の意見を受けつつ押し切るのは勇気が必要だった。失敗しても首にはならないだろうという思いで挑んだが、思いもよらない好結果となり、むしろ男性社員以上に意欲が高く不満が出てこない、との現場の報告がある」と人事責任者は胸を張った。

数年前、ある自治体の政策担当者は「そうはいっても、県内でアンケートを取ったら女性は総合職になりたがらないっていう結果なんですよ」と女性活躍は女性の意識の問題だといわんばかりのコメントを述べた。しかし、その自治体からは就職を機に多くの女性が男性以上に社会減している。つまり、「地元に残る選択をした女性は」という話にすぎない。また、地元に残った女性がそう考えてしまうような現行の働かせ方の問題である、ということにも気づかねばならない。

九州のある企業の役員は「うちの管理職女性はみんな独身で、それが楽しいといっていますよ?」と、女性活躍を推進すれば未婚化が進みかねないとでもいいたそうであった。その企業の働かせ方が、そういう女性しか管理職にならない結果につながっている、という考え方はしないようだった。

彼らのような発想では、子育て期も夫婦で正規共働きを圧倒的に理想とする令和時代の若者に逃げられて人手不足に陥るのは当然である。**アンコンシャスな男女の役割分業意識に左右さ**

れず、いかなる仕事も男女問わず生涯従事できる雇用改革に向けた発想の転換こそが20代男女の社会減が止まらない地方の未来を救う。

そしてそれは、中高年が持つ「こうあるべき」からくる確証バイアスを外せば、既述したA社の例のようにそんなに難しくなく、想像以上の成果を地元にもたらすだろうと筆者は考えている。

（注）1　筆者は2023年度より富山県の県政アドバイザーに就任している。就任前に同県の子育て支援・少子化対策県民会議に県外委員として招聘されたことをきっかけに、同県のデータを用いて、富山県では婚姻当たりの出生数が半世紀前と変わっていないこと、つまり、全国水準を大きく上回るスピードで減少する出生数（半世紀でみてワースト14位。**図表3－1**参照）を子育て支援で食い止めることはできないことを説明した。婚姻数の大幅減が同県の少子化の統計上の真犯人であるが、そのうえで、同県からの22歳の女性の流出が男性に対して極めて多く、社会減の大半が大卒女性の就職流出であることから、単純なマッチング問題で未婚化が解決するものではなく、若い女性の就職時の定着を目指すことが、同県の少子化対策ならびに地方創生政策共通の最優先課題であることを説明した。以降、若い女性の雇用による誘致に同県は政策の比重を重く置いており、企業県としての誇りをかけて、取り組みが進められている。

2　四国経済連合会が実施した内部アンケート調査では、大学進学時に県外に進学した者で住民票を移動したと回答した者は2割台にとどまったという。

3　筆者は1990年代に就職しているが、特に金融機関などは「家族を養う義務のある男性のほうが信頼できる（お金に関して悪事に手を染めにくいだろう）」という理由で、男性社員に結婚を推奨する風土があった。

4　筆者が県政アドバイザーを務める富山県において、富山テレビが実施した街頭インタビュー（2023年）で、これから就職を迎える年齢の娘とその母親が応答していた。母親は「大きな企業のほうが、就職した娘がたとえ出産しても、大切に育ててくれるでしょう。地元ではやはり出産して辞めるという話しか私は聞かない。だから都会に若い女性は出ていくのでしょう」と地元の企業にとって痛恨の極みとなるような回答をしていた。

5　コロナ禍以降における北海道の男性に対する激しい女性減について、東京に居住する北海道出身の若い女性に問いかけたことがあるが、「学生のバイト時代から、女性の働き口といえば観光地で稼ぐというイメージなので、観光が停滞すればそうなります」とのことだった。

第5章

「シルバー民主主義」がもたらすリスク

1 日本人は「絶滅危惧種」

地方から男性を超える女性が社会減し、それによって都道府県間の少子化（出生減速度）に大きな格差が生まれていることをここまでで述べたが、本章は再び日本全体の出生率の話に戻し、**日本人が「絶滅危惧種」である**ということを説明したい。

移民割合が2％水準で、外から流入する女性人口の影響がほとんどない状況にある日本全体の出生増減は、出生率の高低で語っても問題ない。

日本の出生率が1・5を恒常的に切るようになったのは1995年である。2024年現在、1995年からすでに29年が経過しており、2022年からの出生率は1・3をも下回っている。

つまり、日本の初婚同士の女性の婚姻は30歳までの女性（男性は32歳）で7割を占めることから考えると、約1世代（30年程度）にわたり、少子化政策は奏功しなかったことになる。

人口に関する学術論文においては、諸説あるものの、**出生率が1・5を長期にわたって切ると、特に移民をほとんど受け入れていない日本のような国は人口回復が難しい**、といわれている。移民を受け入れている国でも1・3を切ると難しいとされているため、すでに日本人は絶滅危惧種にあるとの見方をして嘆く声が、海外の著名な経営者からもあがるような状況にある。

出生率が1・5というのは、女性1人当たりの生涯に持つ子どもの数の予想平均値が1・5という意味である。女性は人口の約半分（注1）であるので、親世代と同様の人口水準を子世代でも維持しようとすると、女性は男性人口の分まで産まねばならず、1人の女性が最低2人、子どもを産まないといけない計算となる。乳児死亡率の影響で生まれた子ども全員が成人するわけではないため、日本では2・06～2・07が「人口置換水準」（親世代人口＝子世代人口となる出生率）とされている。

ここで注意したいのは、人口置換水準の2・06～2・07は「出産可能女性人口の社会増減がほぼない日本全体において」の話である。2023年現在、1794ある自治体において、出産可能な女性の社会減が激しいエリアでは、出生率が「8」を超えないと親世代と同様の子世代を維持できないエリアも出てきている（親世代と同じ出生数を子世代でも保とうとするならば、就職で地元から去った女性の分も地元に残った女性が産まなくてはならないため）。この

図表5－1　エリアの少子化対策は「出生数の増減度合い」で評価すべき

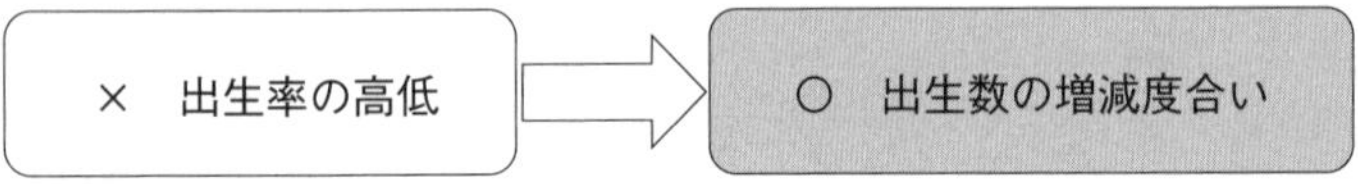

女性1人当たり「2・06～2・07」という日本全体での水準は自治体単位では出生数維持の目安とはなりえないことに注意が必要である。

それにもかかわらず、残念ながら、自治体の少子化対策計画に出生率をベンチマークとして掲げている自治体が多い。出生率は未婚女性の流出が強まれば簡単に上昇する指標であることは第3章で述べたとおりであるので、地域少子化対策のベンチマークとしては極めて不適切な指標である。

地元の人口減少対策の視点から少子化対策を策定するのであれば、**出生率ではなく、エリア内で授かる出生数の増減度合いの比較で少子化対策は評価されるべき**である（図表5－1）。

2

シルバー民主主義が生み出すさらなる少子化の罠

シルバー民主主義とは

人口回復が難しい水準のまま下がり続ける日本の出生率であるが、なぜこんなにも長い間、少子化対策が奏功するどころか出生率低下が止まらない状況が続くのだろうか。

出生率が長期にわたって1・5を切る低水準で推移すると、人口回復が難しくなる理由として、社会構造的にさらなる少子化を生み出す決定がなされる**「少子化の罠」**があるといわれている。「少子化の罠」とは、簡単にいうならば、主に選挙前にニュース等で報じられる**「シルバー民主主義」の弊害**の1つといったところである。このシルバー民主主義とはどういった現象をいうのだろうか。いくつか説明をみてみよう。

❶『日本大百科全書（ニッポニカ）』（小学館）

有権者全体のなかで高い割合を占める高齢者向けの施策が優先される政治のこと。

❷『知恵蔵』（朝日新聞社）

少子高齢化の進行で有権者に占める高齢者（シルバー）の割合が増し、高齢者層の政治への影響力が増大する現象。

❸『デジタル大辞泉』（小学館）

少子高齢化の進行に伴って、有権者人口に占める高齢者（シルバー世代）の割合が増加し、高齢者層の政治的影響力が高まること。シルバーデモクラシー。老年民主主義。

シルバー民主主義の弊害

では、シルバー民主主義発生下の社会では具体的にどのような現象が起こるのだろうか。

人口の多数派が高齢者となるため、介護や高齢者が好む商品に関するビジネスばかりが盛んになる一方で、人口の少数派である若者の生活が豊かになる・楽しくなることに関するビジネスが縮小していく状況が市場では起こりやすくなる。実際、若年人口の流出が激しい地方部では、医療・介護産業比率が全国平均より高くなる傾向にある。また、行政サービスにおいても、**中高年の社会保障関連サービスに予算が費やされやすくなり、若年層の価値観で豊かに感じられるような・幸福感が増すような政策が二の次になる傾向が現れる。**

このような社会においての「子育て支援」諸策は、「総婚世代」と呼ばれる世代の古い家族価値観を前提とした「結婚は、できて当たり前」に基づき、「結婚までたどり着いた男女」、すなわち「中高年世代の家族価値観への理解度が高い傾向の男女」たちへの支援といった性質を帯びやすくなる。つまり、価値観の相違から発生している現在の日本の未婚化の進行は気づかれることなく放置される状況となる。

日本における大幅出生減の圧倒的な原因が未婚化であるにもかかわらず、一向に本格的に向き合う政策が出てこない（サブ的に取り組む計画しか出てこない）、すなわち、**既存の家族価値観に親和性の高い男女にフィットした既婚者への「子育て支援」を前面に押し出した予算ばかりが通過する背景には、このシルバー民主主義がある。**

シルバー民主主義リスクの高い社会においては、少数派となっている若年人口の価値観への想像力の欠如と配慮のなさによる政策が優先され、その有効性の低さに反して、あたかもすばらしいもののように捉えられがちである。

Column

知っておきたい若者の声

インタビュー調査から垣間みえるシルバー民主主義

筆者の所属するニッセイ基礎研究所では、2020年から毎年、東京圏に集まる20代までの若者の声を知るためのワークショップやインタビュー調査を続けている。人口構造上、マイノリティーにありながら、次世代の人口をもたらす鍵となる若者の声を聞かずして消滅可能性自治体の指定から免れる未来を期待するなど、あまりにもご都合主義だからである。このようにして得られた若者の声のなかから、シルバー民主主義を彷彿とさせるものの一部を紹介したい。

「高校時代、町にエンターテインメント施設併設のショッピングモール建設の話が出たが、老人たちの『静かな町を死守しよう!』運動で潰されてしまった。当時高校生だった僕たちは心待ちにしていたので、本当に皆がっかりしたことを思い出します」(四国出身東京在住・30代既婚男性)

「町の移住促進PR映像で、子育ての安心安全を目指す自治体であることはわかりました。赤ちゃんは守られる町だとは思います。でも、移住してきたママのこれまでの仕事やスキルの安心安全がどうやって守られるかはわかりませんでした」（中部在住・女子高生）

「赤ちゃんを産んだら奨学金の返還支援をするという事業案には憤りを感じた。そんな目先のお金の帳尻合わせの政策で私たちに産ませようとするより、私たちが奨学金を借りてまで学んだことを仕事に活かそうとした意味をしっかり考えてほしい。出産しても学びを活かせる社会づくりが優先だ」（関東在住・20代女性）

「若い男が色恋だなんてまだ早い、若いうちは働けというブラックな雇用環境にいます。これでは婚活も恋活もできないです。結婚を応援する社会ではないと思う」（関東在住・20代男性）

今後、高齢化がさらに進行するなかで、かつての若者である中高年は、知らず知らずのうちに若者の声をネグレクトしていることに気がつかねばならない。

シルバー民主主義社会の進行

シルバー民主主義の定義を理解したところで、実際にどの程度のシルバー民主主義リスクに日本がさらされているのか、いないのか、検証してみたい。

2024年現在、70代後半にある団塊世代（1947～1949年生まれ）が20代だった約半世紀前の1970年の日本の人口構造をみてみよう（図表5－2）。団塊世代は年間270万人以上の出生数があった世代であり、第2次世界大戦後、常に日本の人口リーダー、すなわち政治的にみて最も「得票につながる」世代として推移してきた。

団塊世代が20代だった頃は、彼ら自身、すなわち20代人口が最多人口であった。そして、30代までの人口が67・7％と、実に人口の7割を次世代人口の未来を生み出す役割を持つ「若者」が占めていた。当時45歳以上の人口は、成人になってから第2次世界大戦を経験している人々である。したがって、中高年人口においては戦争による人口欠損が激しく、40代以上の中高年は合計しても約3割（32・3％）という状況にあった。現在の日本と比べて非常に若々しい社会であったことが視認できるだろう。20代を最多人口として過ごした団塊世代の感覚で

図表５－２　1970年における世代別人口構造

	1970年人口（人）	人口割合（%）	対20代人口割合（%）
10歳未満	16,846,092	16.3	85.8
10代	16,797,679	16.3	85.6
20代	19,632,043	19.0	100.0
30代	16,498,594	16.0	84.0
40代	13,145,537	12.7	67.0
50代	9,178,679	8.9	46.8
60代	6,683,611	6.5	34.0
70代	3,393,641	3.3	17.3
80代	877,802	0.9	4.5
90代以上	65,769	0.1	0.3
総数	103,119,447	100.0	—

40代以上	33,345,039	32.3

※　40代以上人口は20代人口の1.7倍
出所：厚生労働省「人口動態調査」より筆者作成

は、「若者の意見が配慮されない社会なんて想像もできない・考えたことがない」となっても不思議ではないのである。「若者がもっと選挙に参加すればよいのだ」という意見はこの時代だからこそ通用する意見だったともいえる。

次に、１９７０年から20年経過した１９９０年の人口構造をみてみたい（図表５－３）。

団塊世代は40代になり、40代が最多世代となっている。30代までの人口は

図表５－３　1990年における世代別人口構造

	1990年人口（人）	人口割合（%）	対40代人口割合（%）
10歳未満	13,906,446	11.3	70.9
10代	18,463,621	15.0	94.2
20代	16,697,952	13.6	85.2
30代	16,658,906	13.6	85.0
40代	19,607,297	16.0	100.0
50代	15,782,396	12.9	80.5
60代	11,826,541	9.6	60.3
70代	6,824,313	5.6	34.8
80代	2,664,606	2.2	13.6
90代以上	289,319	0.2	1.5
総数	122,721,397	100.0	—

40代以上	56,994,472	46.4

※　40代以上人口は20代人口の3.4倍
出所：厚生労働省「人口動態調査」より筆者作成

53・6％で、30代までと40代以上の人口が半々程度に変化している。40代以上人口は、1970年では32・3％（20代人口の1・7倍）だったのに対して、1990年は46・4％（20代人口の3・4倍）にまで大きく跳ね上がっている。つまり、投票権を考えると、20代人口の声は20年前の半分の大きさにしか社会で聞こえなくなってしまった、ということになる。10代人口には当時投票権がないことも考えれば、この頃から中年世代以上の声が非常に大きくなり、独身の男女が多くを占める20代の課題は政策的に後まわしし、またはスルーされるリスクが跳ね上がった状況がみてとれる。国勢調査によると、１９９５年以降、50歳時未婚割合は大きく上昇しているが、まさにこの時代を起点としているデータであり、なぜこの１９９０年代に未婚化に対して早々に危機感を社会が持てなかったのか、という理由を説明するデータの１つであるだろう。

最後に、**図表５－４**で、直近の２０２２年の人口構造を確認する。

団塊世代はすでに70代となり、男性を中心に死亡数が増えているため最多世代ではなくなっているものの、団塊ジュニア（１９７１～１９７４年生まれ）が含まれるために最多世代となっている50代人口と比べても、いまだ９割超の人口数となっている。30代以下人口：40代以上人口が４：６となり、今や20代人口に対して40代以上の中高年人口が６・６倍も存在する状態となっている。なお、２０２１年までは40代人口が最多世代人口であったが、団塊ジュニアの年齢上昇で、２０２２年は50代人口が最多世代人口となり、さらに人口構造の高齢化（逆ピラミッド化）が進行している。

このような状況下で政治が多数決で決定される構造が不変のままであれば、当然ながら**中高年にとって都合のよい、聞こえのよい、理解しやすい政策ばかりが採択されるようになる**ことは想像に難くない。

図表5－4　2022年における世代別人口構造

	2022年人口（人）	人口割合（%）	対50代人口割合（%）
10歳未満	9,028,673	7.4	52.5
10代	10,657,393	8.7	62.0
20代	11,774,804	9.6	68.5
30代	13,008,513	10.7	75.7
40代	16,988,263	13.9	98.8
50代	17,192,106	14.1	100.0
60代	14,810,630	12.1	86.1
70代	16,277,851	13.3	94.7
80代	9,661,041	7.9	56.2
90代以上	2,631,000	2.2	15.3
総数	122,030,523	100.0	—

40代以上	77,560,891	63.6

※　40代以上人口は20代人口の6.6倍
出所：厚生労働省「人口動態調査」より筆者作成

人口構造の変化がもたらすシルバー民主主義のハイリスク化の状況を１９７０年、１９９０年、２０２２年のデータを用いて改めてみてみたい（**図表5－5**）。

統計上、30代前半までの男女が初婚同士婚姻届提出者の大半（男性の8割、女性の9割）を占めているため、20～30代人口を未婚少子化解消に影響可能な人口［A］、40代以上を影響を及ぼすことがほぼできない人口［B］と置くと、１９７０年においては

図表5－5　人口構造の変化によるシルバー民主主義のハイリスク化

		1970年	1990年	2022年
最多世代		20代	40代	50代
40代以上割合（%）		32.3	46.4	63.6
40代に対する20代の割合（%）		149.3	85.2	69.3
投票力	[A] 20～30代人口(人)	36,130,637	33,356,858	24,783,317
投票力	[B] 40代以上人口(人)	33,345,039	56,994,472	77,560,891
投票力	シルバー民主主義リスク [B]／[A]	**0.9倍**	**1.7倍**	**3.1倍**

出所：厚生労働省「人口動態調査」より筆者作成

［A］のほうが［B］より多く、社会において投票に行く・行かないは関係なく、未婚少子化が発生してもそれをすぐに改善できるような声があがる、聞こえる人口構造であった。

しかし、1990年になると［B］が［A］の1・7倍となるため、未婚少子化に影響力を持たない人口の声が極めて大きくなっていたことがわかる。1995年には50歳時未婚者の割合が大きく上昇するが、当時、50歳時未婚であった中高年［B］と20~30代にあった男女［A］では、社会環境の変化に基づく大きな価値観の差が生じていた（1986年男女雇用機会均等法施行、1992年育児休業法施行）ため、中高年の未婚者の訴えを聞いて対策を立てたからといって、それが最も婚姻を発生させる若年層に響く内容とはなりえなくなっていた、ということだろう。

そして、［A］の3倍以上の［B］が大声をあげている社会が現在（2022年）である。未婚化改善に大きな役割を発揮できる実働部隊［A］と、社会でそれなりの地位を持つ企画部隊［B］の人数に大きな差があり、しかも理想とする夫婦像が真逆（第2章参照）なのであるから、政治力学上、未婚化が止まるはずもない、といった社会となっているのである。

このように、**「少子化の罠＝シルバー民主主義ハイリスク社会」をデータで検証することによって、その罠のあまりの大きさに気がつく**ことができたと思う。

すでに20代人口は最多世代人口である50代人口の7割にも満たない状況で、10歳未満人口に至っては50代人口の半数となっている。圧倒的な人手不足を示す社会であるにもかかわらず、「働き方改革」「多様な人材採用・活躍」を進めずに、人手不足といい続けて過去の在り方に固執する社会の元凶は、中高年人口が若年人口の声をかき消すほど存在する人口構造にあるといえる。

都道府県間で大きな人口構造差が発生

日本の人口構造が40代以上人口：30代以下人口で6：4となっていることを前述したが、これは日本全体のマクロの構造の話であり、第3章で説明したように**若年人口の流出が続く地方部のミクロの状況をみると、さらに極端な人口構造**となっている。

若年層の流出により出生数が半世紀で8割減（全国ワースト1位）となっている秋田県と、その若年人口の主たる流出先となっている東京都、そして全国の3エリアの人口構造の違いを国勢調査の結果を用いて比較してみたい（**図表5－6**）。

2020年においては団塊ジュニア世代（1971～1974年出生）がすべて40代後半であったため、全国でみると40代人口が最多世代人口（14・2％）となっている。そして、2位が50代人口（12・9％）、3位が団塊世代を含む70代人口（12・6％）となる。2位の50代人口と3位の70代人口の割合は僅差となっている。

一方、秋田県をみると、最も多いのは60代人口で16・3％と人口割合も高く、約6人に1人以上が60代という状況となっている。2位が70代人口（15・1％）、3位が50代人口

図表5－6　2020年における世代別人口構造比較

（人、％）

	秋田県		全　国		東京都	
	人口	割合	人口	割合	人口	割合
10歳未満	56,575	5.9	9,605,175	7.6	1,052,886	7.5
10代	72,437	7.5	10,967,957	8.7	1,058,030	7.5
20代	61,147	6.4	11,963,270	9.5	1,710,768	12.2
30代	87,105	9.1	13,796,161	10.9	1,895,252	13.5
40代	120,746	12.6	17,941,370	14.2	2,191,985	15.6
50代	122,508	12.8	16,307,333	12.9	1,911,965	13.6
60代	156,694	16.3	15,372,458	12.2	1,368,410	9.7
70代	144,605	15.1	15,942,723	12.6	1,414,363	10.1
80代	100,680	10.5	8,966,551	7.1	818,212	5.8
90代以上	28,431	3.0	2,351,263	1.9	196,984	1.4
不詳	8,574	0.9	2,931,838	2.3	428,739	3.1
合計	959,502	100.0	126,146,099	100.0	14,047,594	100.0

出所：総務省「令和２年国勢調査」より筆者作成

（12・8％）と、2位の70代と3位の50代にはそれなりの人口割合の差が生じている。

　全国水準と比べても、秋田県は最多世代人口が20年高齢化しており、さらには60代以上の声が全国水準よりも大きくなっている様子が人口割合からみてとれる（注2）。

　この秋田県の人口構造データを同県のメディアの取材で説明したことがあるが、その際、記者が「なるほど！　20年！　すごくよくわかります」と大きな声をあげたことが印象的であった。記者は30

代あたりの方であったが、「こちらで『どうしてそういう話になるのだろう』と感じることについて、価値観が20年遅れているから、と考えると非常にわかりやすい」とのコメントであった。

Column

知っておきたいアンケート調査設計

母集団の歪みが結果に反映

筆者は自治体の少子化関連のアドバイザーを複数務めているが、アンケート調査の方法についてアドバイスするなかで必ず出てくる「設計ミス」問題がある。

たとえば、子育て支援への要望を聞くアンケートであるのに、母集団の年代別のN（母数）をみると20代が僅少、30代がそこそこ、40代が大量にいる、といった状態で実施しようとしているケースである。さらには、単なる回答数割合で結果発表を行い、それをもって「地元民の意識である」と発表してしまいそうな自治体が少なくない。しかし、そのような母集団へのアンケートから得られた結果は「大半が40代の子どもを持つ者の気持ち」を表した結果となる。

厚生労働省の人口動態調査で出生動向を分析すると、第1子から第5子まで出産のピークは30代前半年齢に集中している。つまり多くの子どもを持つ者は男女ともに若い年齢から第1子出産をスタートし、第1子で終了の者は出産スタート年齢が高い傾向となっている、ということである。いずれにしても40代以上の子どもを持つ者は出産後すぐの子を持つ者とはなりにくく、小学校以上の子を持つ者が多くなる。

結果的に、出産後の不安定な時期をカバーする施策は要望としてあがりづらくなってしまい、選ばれにくくなる。また、不妊治療に関する支援など、40歳前後の者が多く望む施策が非常に望まれているかのような錯覚を生む結果ともなる。アンケート調査をもとに「未就学児童を持つ子育て世帯を応援したい」「多子世帯希望者の応援をしたい」といった政策を考えているならば、このような母集団で調査しても現状への支援策として適切なものを検討することはできない。

アンケート調査の設計の基本的なルールとして、重要なのは次の2点である。

❶ ライフイベントに関する調査は、ライフイベントの発生確率を適切に反映した年齢ゾーンの母集団の設計がマストである

❷ いかなる調査も母集団の年齢ゾーンに偏りがないかを常に確認する必要がある（性別の偏りに関しては気づくケースが多いが、なぜか年齢ゾーンの確認は放置されやすい）

ライフデザイン関連のアンケート調査においては、さらに法施行との関係性も考えねばならない。男女雇用機会均等法（1986年施行）、育児休業法（1992年施行）の対象となる親元で育った世代の考え方は「親のイメージ」がそれより上の世代とは大きく異なる結果となりやすく、法制度も踏まえた年齢ゾーンできちんと分けて結果を解読し、要望への対処を検討する必要がある。

いずれにしても、地方創生政策と同様に、「年齢どんぶり勘定」な調査設計と結果分析だけは絶対に避けなければならない。

3

若年層の声を優先する社会に「人口の未来」あり

人口構造の変化を示したデータから、**日本においてシルバー民主主義のハイリスク化が急速に進行している**ことが実感できたと思う。

それでも、なお「中高年の価値観を最優先して何が悪いのか。多数派の意見を尊重するのが民主主義だ」という声も聞こえそうである。

しかし、人口減少、すなわち大幅な出生減社会においてはそうもいっていられない。なぜなら、出産（子どもの授かり）年齢の平均は、それがたとえ**第3子であっても、母親年齢、父親年齢ともに30代半ば**となっているからである（図表5－7）。

つまり、未婚化を抑制し出生数を増やしたいならば、**結婚や出産の主役世代たる30代前半までの若者への政策アプローチが必要**となる。30代前半までの若者が、快適かつ不安なく家族形成に踏み切れる社会を目指さねばならない。そのためには**40代以上の家族価値観に基づく「過**

図表５－７　平均出産（子ども授かり）年齢（2022年）

	総数	第１子	第２子	第３子
母親年齢	32.2歳	30.9歳	32.9歳	34.1歳
父親年齢	34.2歳	32.9歳	34.8歳	36.0歳

出所：厚生労働省「人口動態調査」より筆者作成

図表５－８　40歳男女における未婚（婚歴がない）割合

	1980年	2000年	2020年
男性	6%	20%	29%
女性	5%	10%	20%

出所：総務省「国勢調査」より筆者作成

去の若者の理想」は一旦わきに置いて、人口マイノリティーである若者の価値観に社会が総力戦で向き合う必要がある。

しかし、若者にいざ向き合おうとなった際の視点として、中高年世代では「未婚化」の視点が欠落しやすい状態にあることがデータから指摘できる（図表５－８）。

１９８０年は今の60代人口が20代だった時代である。現在60代といえば、主に男性人口が企業のトップクラスの役職を務め、政治、地方自治などでも権威を最も有する世代人口といえる。この人々が20代だった頃、40歳時点で一度も婚歴がない男性は６％、女性は５％という状況だった。アラフォー未婚者は約20人に１人という「総婚」社会だったのである。ゆえに、この世代にとっては「結婚していて当たり前」の感覚が「普通」であり「常識」であるために、エビデンスのない状況下では「少子化対策？　それは夫婦支援に決まっているだろう！」といった感想しか出てこないのも無理はない。

筆者のデータに基づく未婚少子化対策の説明を受けて、政策・経営を考える30～40代の中堅層が一生懸命、部長や役員層を説得しても「視点が違うといったら、むっとされた」「データをみて『そうか』とはいったものの、結局それをスルーした指示しかおりてこなかった」という嘆かわしい声も少なからず耳にしている。メディアにおいても、統計的にみて明らかに正論である原稿が「デスクの考えに合わず、不採用になった」という声を聞く。

これまで日本の政治や経営が多分に非科学的な流れで統制されていたことの証左であると感じるとともに、それでも何とかなっていた（むしろ絶好調だった）、日本を取り巻く第2次世界大戦後の豊かな世界経済の過去が、日本をここまでの平和ボケ（低危機感）状態へと追い込んだのだろう、と感じずにはいられない。

図表5－8に話を戻すと、2000年は現在最多世代人口に当たる団塊ジュニアが20代だった頃である。この当時は40歳時点で男性の5人に1人（20％）、女性に至っては10人に1人（10％）しか未婚者がいなかったため、当時は未婚化報道を聞くこともなかった。特に女性に関して「結婚はしていて当たり前、ゆえに夫婦支援こそ少子化対策」と考えてしまう傾向が今

のアラフィフ世代には確かにある。

ただ、この2000年における男性の未婚割合2割は、決して看過してもよかった値とはいいがたい。18～34歳時点の男女の結婚希望が9割以上あった世代が中年（40歳）になった時点での結果であるので、統計的には「未婚者の半分は、結婚を希望していたができなかった男性ではないのか」と問題視されるべき割合だったともいえる。しかし、団塊ジュニアの親世代に当たる団塊世代は「総婚世代」であるので、親子そろって「結婚したくてもできないなんてことはありえない。いつかは結婚できるだろう。ただの晩婚化だ」と信じていた人々が大半だろう。

さらに2020年では、男性の3割、女性の2割が40歳時未婚となっている。ちなみに30歳時点では、男性の50%、女性の40%が未婚である。これまでの章で解説したが、**日本の出生数の大幅減は婚姻数の大幅減を主因としている。**そして、**就職期に当たる20代前半の男女の移動で発生している男女アンバランスな東京一極集中は、地方に20代男性余りを主に発生させ、地方の未婚化による人口減を今後さらに加速化させていく。**

データをどのようにみようとも、「中高年の価値観を最優先して何が悪いのか。多数派の意見を尊重するのが民主主義だ」という考えは少子化対策にとって害でしかない。

若い男女が理想と描く家族形成を叶え未婚化を解消するには、まず、**若者の声を傾聴する社**

会機運の醸成と、企業・団体における雇用や人材育成制度の大胆な改革を推進する政策を最優先とすることが、この国の少子化対策において最重要であることがわかるだろう。

Column

知っておきたい婚活現場

どこにいっても悩みは同じ

筆者は結婚支援分野でもたくさんの講演依頼をいただいているが、講演の前後に支援者団体から聞く共通の悩みがある。

それは、中高年男性が「子どもが欲しいから」という理由で20代女性を希望する、しかも、その親も含めて、若い女性を中高年男性に紹介できて当たり前だという態度で手に負えない、という悩みである。

このような悩みは地方ほど多く聞こえてくる。なぜなら、そこにもシルバー民主主義が影響しているからである。中高年人口の親は、大半が70代以上で、第2次世界大戦の影響を色濃く受ける人々である。日本は本土戦をほぼ免れたことにより、海外の戦地に赴いた男性の人口損失が大きかった。つまり、「女性余りな状況での結婚」経験者たちである。

よって、中高年人口の親が持つ、「女性は選ばれる側である」という、彼らにとっては「近い過去の歴史」がもたらす「常識」がどうしても払しょくされないのである。しかし、現在の日本では60代まで、男性人口余りとなっている。

単なる男性余りだけではなく、半世紀で6割減という出生数の減少から、40代人口の7割弱しか20代人口はいない。このため、結婚相手に年下を狙えば狙うほどいばらの道の婚活であることは自明であるのだが、これさえも理解できない人々があまりに多い。

「若い頃の成功経験」がこれほどまでに弊害となる分野は他にはない、といってもいいくらい、婚活分野では中高年層が思い描く「正義」「理想」が弊害となっている。

（注）1　ヒトという生物は、男性：女性＝1・05：1・00で出生。医療先進国では必然的に若い男性が余ることになる。女性のほうが長生きであるために、70代以降は女性余りとなる。

2　若者の集中が続く東京都は、40代人口が最も多い。50代と30代が次点であるが僅差となっており、60代がメインゾーンである秋田県より20年若い構造となっている。

第6章

「子育て支援」最優先国家が苦しめるのは誰なのか

1 男性大未婚化社会の出現

男性の3・5人に1人が50歳で婚歴なし

「世代間価値観格差によって看過され続けてきた日本の未婚化」によって、一体誰が最も苦しめられているのか（いないのか）は、一見、感覚論的な話に思えるものの、実はその回答を示唆するデータ（エビデンス）が次々と出てきている。

「苦しんでいるのは女性に決まっているだろう。未婚化問題は『産めよ・増やせよ、だから結婚せよ』という話だろうから、女性が嫌がる、苦しむ話題なのでは？」と、直感的に「結婚＝女性」と想起する中高年は少なくないと思われる。しかし、データを丁寧に読み解くと、は

図表6－1　50歳時未婚率（全国）の推移

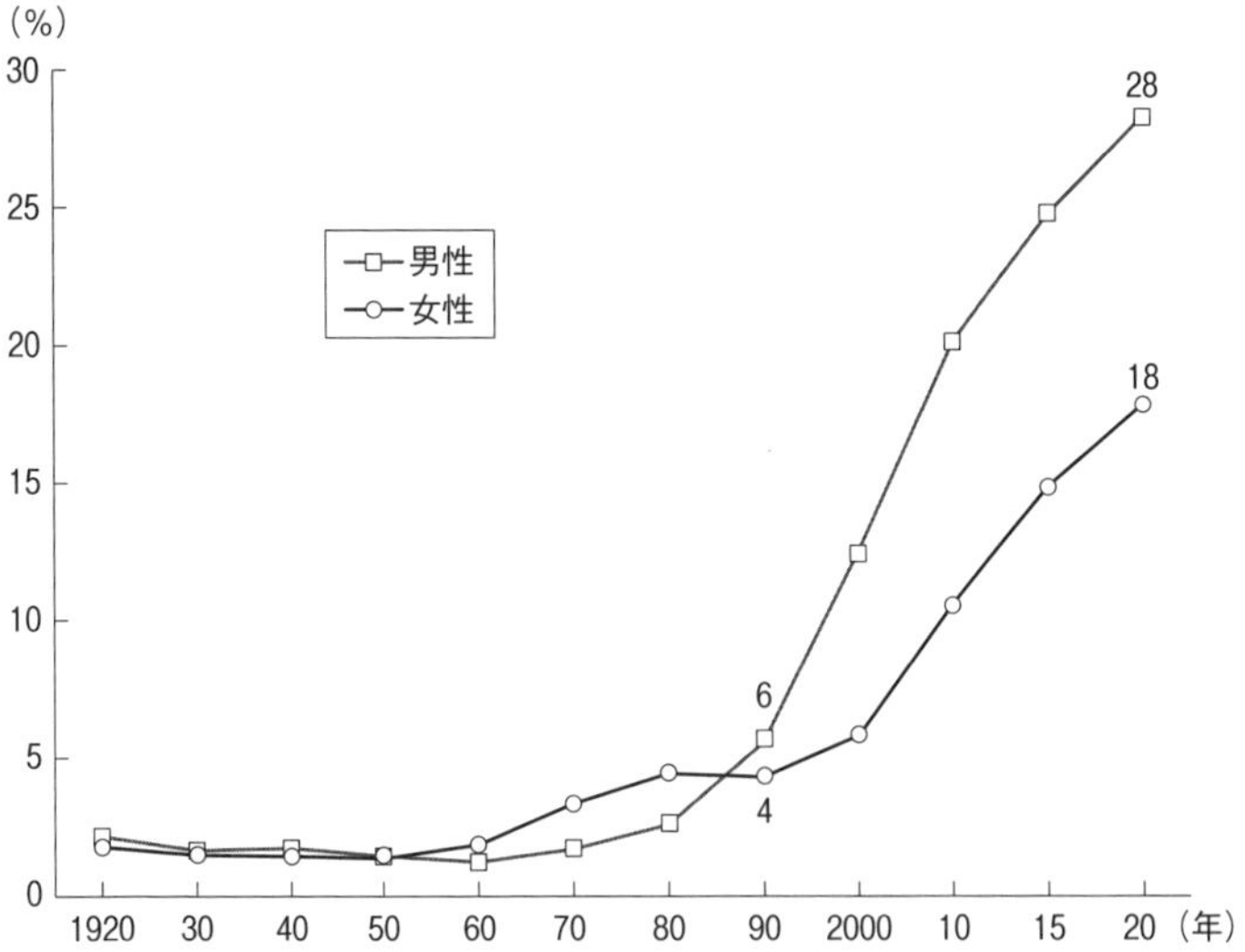

（注）　2015年以降は「不詳」を按分計算した数値
出所：国立社会保障・人口問題研究所「人口統計資料集」より筆者作成

たして本当にそうだろうかという結果が並ぶ。

まず、半世紀で4割水準にまで激減した婚姻数、つまり**日本の未婚化は、実は女性よりも男性に顕著に起こっている**ことを確認しておきたい（図表6－1）。

2020年の50歳時未婚率は、男性28％、女性18％で、実に男性の約3・5人に1人、女性の約5・5人に1人が50歳になるまで一度も婚歴がないという厳しい未婚化社会に日本はある。

ちなみに50歳時未婚率とは、

単純な50歳人口の未婚者割合（50歳の未婚者／50歳人口）ではない。45～54歳という、俗語で「アラフィフ」と呼ばれる年齢層の男女の未婚割合である。50歳人口の未婚割合とされないのは、ある特定年に出生した男女だけの未婚割合としてしまうと、その男女が統計的にみて結婚適齢（多発）期に当たる20代から30代前半までの年齢において、戦争や災害や感染症の流行などの影響を強く受けてしまった場合、極端な数値となる可能性があり、経年比較に適さない指標となるからである。

この指標は2015年までは「生涯未婚率」と正式に呼称されていた。しかし、「50歳以降に結婚する人がいるかもしれないのに、生涯未婚者呼ばわりするなんて失礼ではないか」という意見によって、**「50歳時未婚率（生涯未婚率）」**に変更されている。ただ、これは非常によくある各論と総論の混同ともいえる。「生涯未婚率」は統計用語であり、マクロでみてこの年齢以降は新規の結婚（初婚）が発生しないといえる（わずかには発生しているが、マクロでは発生しないといえる）レベルにある年齢を生涯未婚年齢、と呼称していただけである。この点についてはデータで後述したい。

さて、2020年の30年前となる1990年では、この50歳時未婚割合は男女ともに約20人に1人という低さであり、中年の未婚者は滅多に見かけない、といった社会だった。当時20代だった男女は今50～60代あたりで、彼らが若かった頃の**「社会の中年人口の結婚状況のイメー**

ジ」とはかけ離れた、想像を絶する未婚化が足元で起きている。特に**女性に比べて男性は、1990年以降、未婚割合が急激に増加**していることが示されている。

Column

知っておきたいデータ雑学①

国勢調査に回答せずして文句をいうなかれ？

成人で「国勢調査」という言葉を知らない人はそう多くはないだろう。5年に1回実施される日本における最大規模の国民アンケート調査で、直近は2020年に実施された「令和2年国勢調査」である。

まさにEBPMで国政を行うために実施される、実態データに基づく自治のための調査である。ただ5年に一度といっても、前回調査が終わり次第、次の調査の設計が開始される。数度の予備調査によって、回答漏れが起こりやすい属性にある人々の回答率を上げるための準備が進められる。また、そもそも調査があることや実施時期を知らない人は回答できないため、周知のためのPRについても入念な検討が行われている。

直近の2020年調査は残念なことにコロナ禍に当たった。当時は感染拡大防止のための厳戒態勢から、これまで訪問によって手渡されていた調査票の配布は困難となった。そこで、ＱＲコードを用いたスマホからの即座のアクセス（回答返信）を可能にするなどオンライン化をミックスして実施されたものの、回答率が大きく低下して、調査期間の延長なども行われた。回収不足を聞き取り調査によって補填したものの、一部無回答となる項目もあり、「不詳」回答割合がそれなりに高まる結果となった。

国勢調査は一体、何のために行われているのか、今一度、我々はよく考えねばならない。

国勢調査の回答項目は多くないものの、国民がどのような属性にあるのかを地域別、男女別、年齢別により正確に知ることができれば、その結果に応じて社会保障内容を見直したり、支援の規模を検討したり、よりかゆいところに手の届く救済ができる（知らないことに対しては検討・支援のしようがない）。

「こちら側の情報は与えたくないが、支援は必要」では、自らを取り巻く環境をよくすることはまず無理である。国勢調査は任意調査であり強制ではないため、回答するもしないも個人の勝手ではあるものの、「自らの置かれた環境を少しでも改善したい」ならば回答するべきである。

ただ、回答割合が減少している原因は、変化している家族形態に調査手法が追い付いていない面も大きい。共働き家庭の増加により日中不在が多くなったり、オートロックマンション化により訪問依頼が困難になったりしているからである。

個人情報保護や多様性といったパワーワードのはき違えで「個人の情報を聞き出すなんて、恐ろしい」と警戒する人々もいるようであるが、国勢調査は日本に存在する人々の「マクロの属性」を知るためのものであり、個々人のミクロ情報に関心を持ってアプローチするものではない（さすがに採算が合わない）ことを今一度認識しておきたい。

「男性は50歳以降でも結婚できるから」は真実か

日本は一夫一婦制で、60代あたりまで男女人口がほぼ同数なのに、なぜ男性のほうが高い未婚者割合なのか、という疑問が出てくる読者もいると思う。メディアの取材でこの男女差について「男性は、50歳以上になってから年下の若い女性と結婚して、未婚を解消するからでしょうか」といった質問があったのだが、そうではない。都合のよい誤解をする男性が少なくない

図表6－2　未婚割合が男女不一致となるからくり

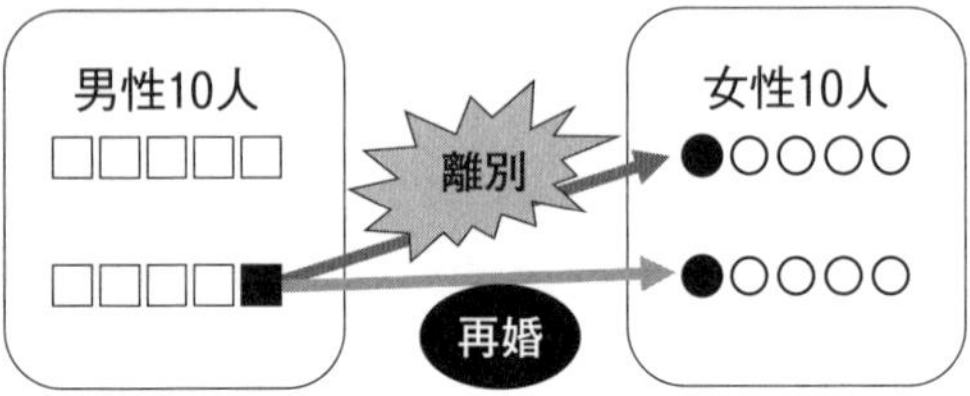

ため、未婚割合が男女不一致となるからくりの説明をしておきたい。

統計用語として「未婚者」とは、一度も婚歴がない人を指し、独身者（配偶者がいない人）と同義ではない。つまり独身者には2パターンあり、「婚歴がない人」と「婚歴はあるが離別死別経験者」に分けられる。

そこで、50歳までの男女それぞれ10人のグループがあったと想定しよう。このうち1人の男性がグループ内で離婚・再婚して、合計2回、グループ内の初婚の女性と結婚したとすると、男性側の未婚者は9人、女性側は8人となる（図表6－2）。

日本は初婚同士以外の結婚（男女とも再婚、どちらかが再婚）が全婚姻の4分の1（2021年26％）を占める状況にあるが、このうち「男性が再婚者・女性が初婚者」というカップルが最も多い組み合わせ（再婚含み婚に占める「男性のみ再婚」夫婦の割合は2021年36％）となっており、この状況が長年続いている。1年単位でみれば大きな男女の未婚差にはならない程度であるが、継続的に「男性のみ再婚」が「女性のみ再婚」を件数で超える状況となっているため、結果的に女性のほうが男性よりも多く婚歴がついてアラフィフに到達する、という結果になっている。

このような結果に対し、「男性のほうが、女性より結婚なんてしたくないのだろうから、問題ないのでは」という意見が出てくるかもしれない。しかし、第2章で解説したように、18～34歳の結婚が最も多く発生する**適齢期男女において、男女間の結婚意思は今も昔も大差がない**ままである。今のアラフィフ人口がアラサーだった約20年前の２００２年の調査（注1）をみると、女性の88％、男性の87％が「いずれ結婚するつもり」と回答している。現在の50歳前後の男女がアラサーだった頃は結婚意思の男女差がほぼない状態だったにもかかわらず、その人々がアラフィフになったときに、男女で10ポイントも未婚割合に差がついている。つまりデータから、日本は**「男性のほうが若い時代の結婚希望が叶わない」社会となってしまっている**ことが明示されている。

2 「結婚適齢期への誤解」が生み出す顕著な男性未婚

男性の結婚ピーク年齢は27歳

先に50歳時未婚率が生涯未婚率と呼称されていたことについて、統計的な意味があることを述べたが、結婚を希望する男女が実際に結婚できている年齢についての大きな誤解が社会に蔓延している。データで実態を解説しよう。

平均初婚年齢を記事にして晩婚化を謳うメディアが後を絶たない。日本の未婚化を阻止したい、結婚希望者が結婚できる割合を増やしたいと思うならば、まずはこうした報道の仕方をやめるべきである。

２０２２年の平均初婚年齢は男性31・０歳、女性29・５歳であり、前年より上昇した。この数字をもとに20代の男女が「まだ結婚はいいや。だって今どきは30歳くらいでみんな結婚するものでしょ？」と考えてしまうケースが非常に多い。結婚希望がある当事者どころか、日本全国の結婚支援者（自治体センター、結婚相談所、支援団体等）でさえも、講演で結婚年齢の実態データを示して説明すると「まったく勘違いしていた」と驚愕する有様である。

「平均」という指標が実は社会事象をイメージするうえで非常に危険な指標である、ということを知らない人々が多いことから、このような反響になるのも無理はない。

統計に詳しくない一般的な人々がイメージする平均は、おそらく「真ん中」「一番多い」ではないだろうか。しかし、日本の「平均初婚年齢」は男女ともに「真ん中」年齢でも「一番多い」年齢でもない。

そこで、厚生労働省から２０２３年9月に公開された２０２２年の婚姻統計を分析した結果を初婚同士カップルの年齢に注目して検証してみたい。

まずは男性からである。結婚支援に関わる人々の現場の話を聞く限り、結婚年齢について誤解が激しいのは、女性よりも男性となっており、支援者が最も頭を抱える難題となっている。

図表6－3をみて「男性は27歳での結婚が一番多いなんて信じられない」と思う読者が多いのではないだろうか。メディアを賑わす芸能人の結婚では「読まれそうな情報」が優先され

図表6－3　初婚同士結婚における男性の年齢分布（2022年）

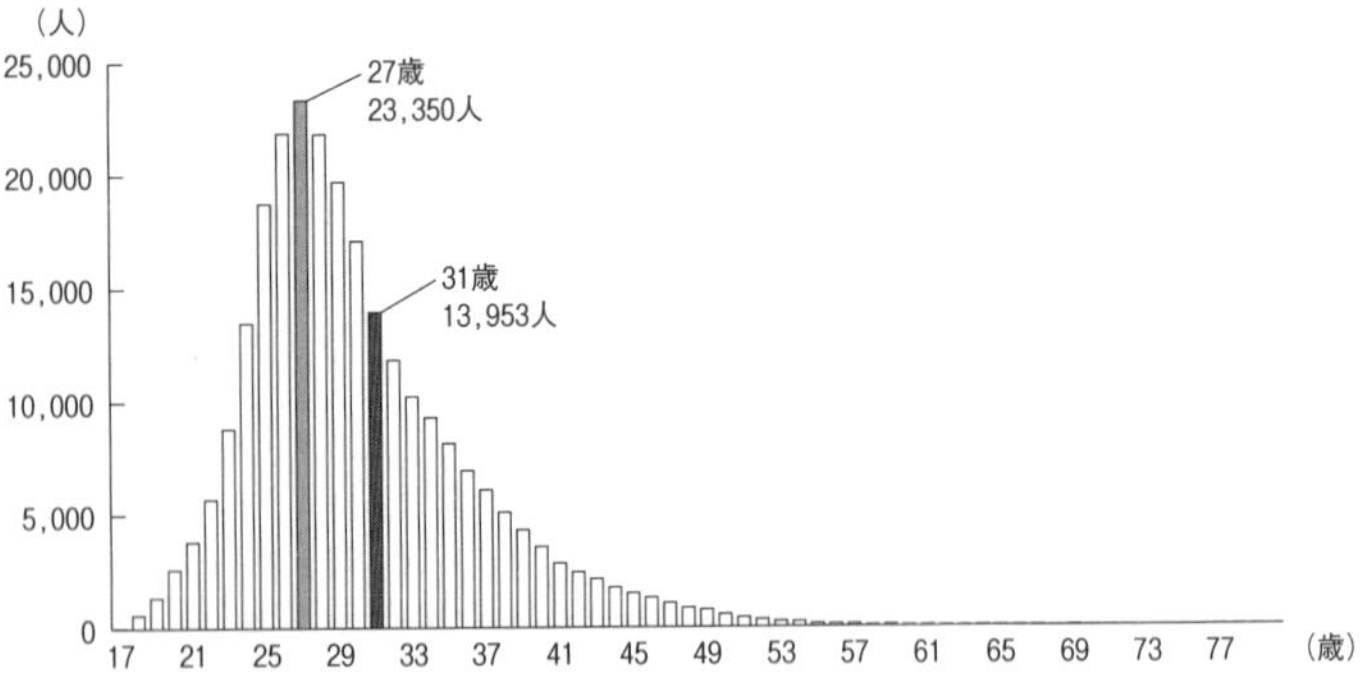

（注1）　2022年に「婚姻届を提出＋結婚生活を開始した者」
（注2）　■が平均初婚年齢に該当
（注3）　80代以上はわずか
出所：厚生労働省「人口動態統計」より筆者作成

る。読まれそうな情報とは、すなわち、普通では起こらないような、読者の食いつきがよさそうな夢のような結婚である。男女ともに歳の離れた相手との結婚や、身の回りではあまり発生しない年齢での結婚は注目されやすいため、好んで取り上げられる。つまり「発生確率の高い結婚ほど記事にならない」という点に注意しなければならない。

2022年の**男性の平均初婚年齢が31・0歳であるので、平均初婚年齢と初婚同士結婚のピーク年齢が、男性では4歳も乖離**している。このような状況下で「30歳を過ぎたら婚活でもしようか」と考えている男性は30歳を過ぎて「よい出会いがない」と悩む可能性が高い。

実は、**「晩婚化」というのは、「結婚適齢期**

図表６－４　初婚同士結婚における男性の年齢割合（2022年）

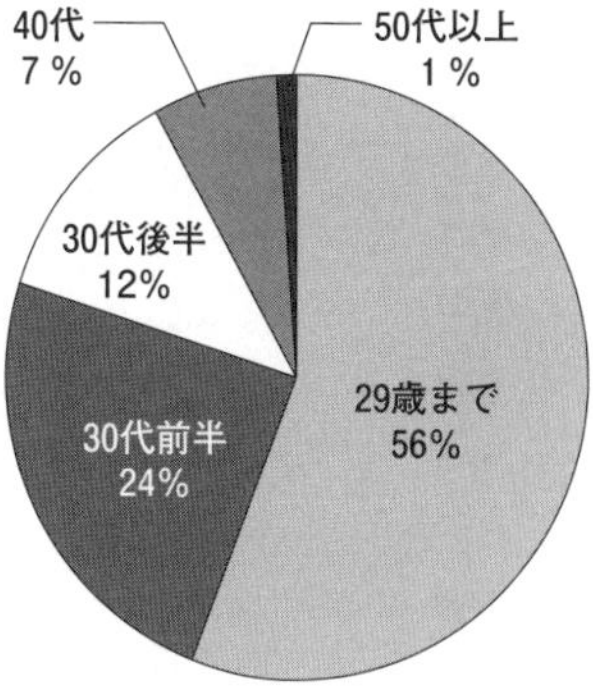

（注）　2022年に「婚姻届を提出＋結婚生活を開始した者」
出所：厚生労働省「人口動態統計」より筆者作成

が上昇した」という話ではなく、「かつてはなかったような（統計的外れ値の）高齢者の結婚が発生するようになり、平均値を吊り上げている」という解釈がより正しいといえるだろう。図表６－３において棒グラフがまったく表示されていない（ようにみえる）高齢者でも、各年齢において数件～２桁くらいは初婚同士結婚があることが平均を引き上げている。

実際は、図表６－４のとおり、初婚同士結婚において、男性は**29歳までの「若者」の結婚が56％を占めている**（２０２１年より割合が上昇）。半数を超えているので、「初婚同士で結婚した男性の大半は、20代で結婚している」という実態となっている。また、30代をみると、前半と後半では大きな割合差が出ていることにも注目したい。前半男性の割合が24％であるのに対して、後半男性は12％と、成婚発生確率が半分に急落している。また、40代以上は合計で8％にすぎず、そのうち50代以上は1％となっている。つまり、初婚同士において男性は99％が49歳までであるので、50歳時未婚率を「生涯未婚率」と呼称するのはマクロでみればそのとおりである、という結果となっている。

父親の第3子平均授かり年齢が36歳であること（前掲**図表5－7**）や、初婚同士結婚において男性の8割を30代前半までが占めているという状況下で、30代後半以上の男性が婚活において「子どもが欲しいから20代の女性で」とオーダーするケースが後を絶たないが、**図表6－3**と**図表6－4**はこれがいかに「難題」であるかを端的に示したデータであるといえるだろう。

女性の結婚ピーク年齢は男性と同じく27歳

結婚に関するアンコンシャス・バイアスは根強く、「男性が27歳ということは、女性なんて25歳が初婚のピーク年齢だったりするのではないか」と思う読者もいそうなところである。しかし、**男女ともにピーク年齢は27歳で同年齢**となっている（**図表6－5**）。2021年までは女性のピーク年齢は26歳であったが、2022年に男性と同年齢となった。

図表６－５ 初婚同士結婚における女性の年齢分布（2022年）

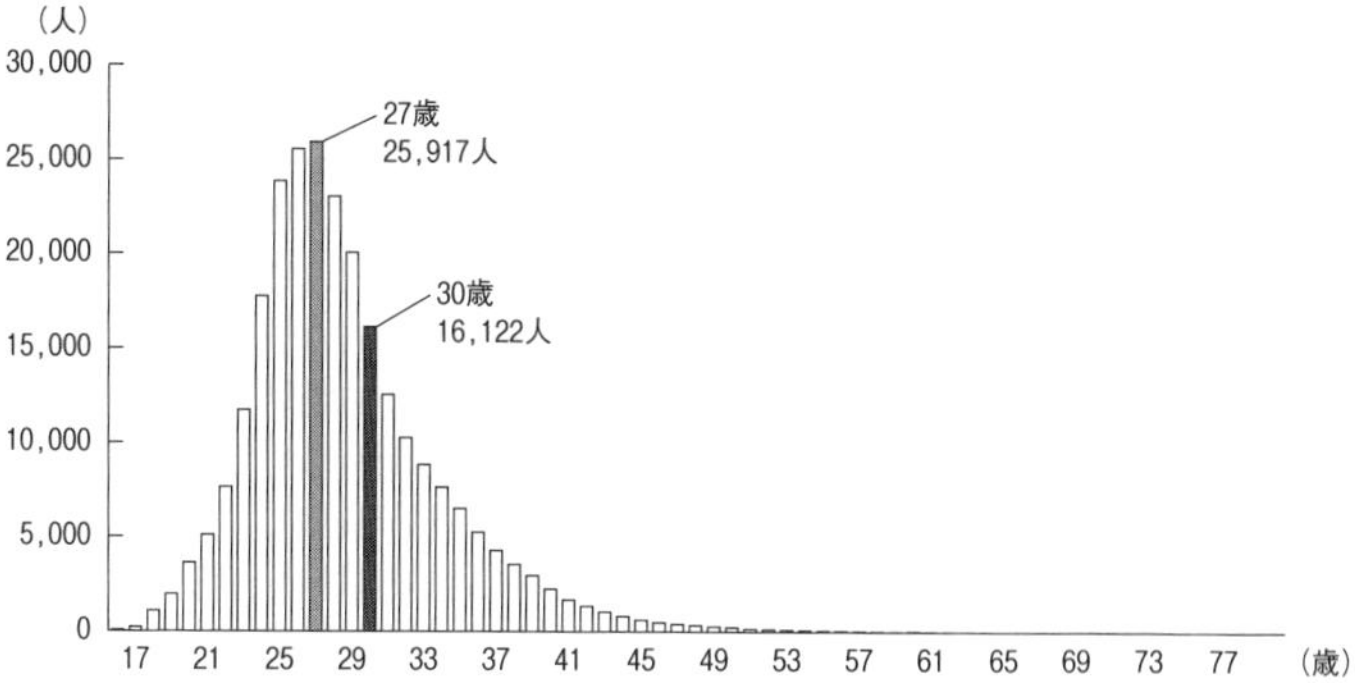

（注１） 2022年に「婚姻届を提出＋結婚生活を開始した者」
（注２） ■が平均初婚年齢に該当
（注３） 80代以上はわずか
出所：厚生労働省「人口動態統計」より筆者作成

近年、男性はピーク年齢の早婚化が起こっている（27歳の次に多かった年齢が28歳から26歳に変化）一方、女性はピーク年齢が晩婚化した（26歳から27歳にピークが変化）結果、２０２２年には男女とも、件数1位が27歳、２位が26歳とまったく同じになった。

ただ、少し男女の違いはある。**女性のほうが結婚件数の発生分布でみると「短期間集中型」である**ということである。

男性と同じく年齢分布を円グラフにしてみると、図表６－６のような結果となっている。

図表６－５からは、女性のほうが25～27歳に発生が集中していることがみてとれる。初婚同士結婚において、女性は29

図表6－6　初婚同士結婚における女性の年齢割合（2022年）

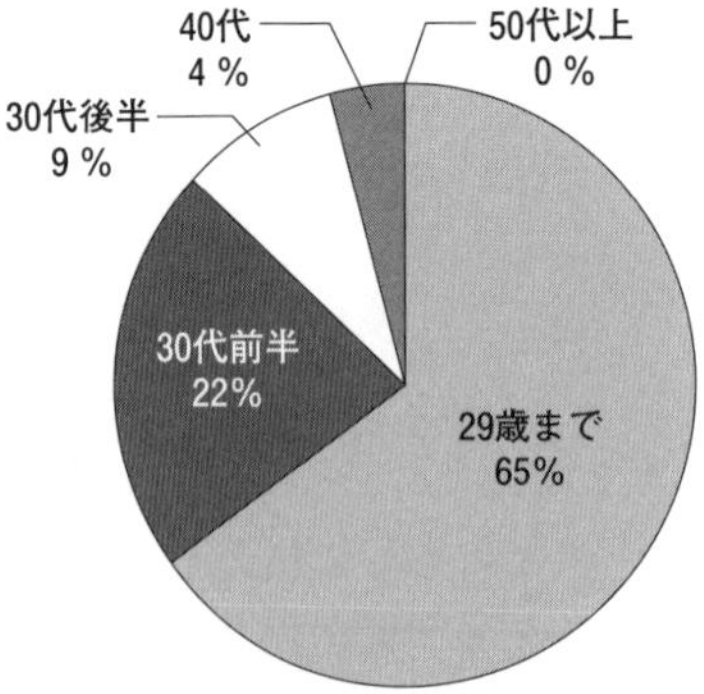

（注）2022年に「婚姻届を提出＋結婚生活を開始した者」
出所：厚生労働省「人口動態統計」より筆者作成

歳までの割合は65％で、男性の56％と9ポイントの大きな差がついている。ただし、30代でみると、30代前半が男性24％に対し女性22％、30代後半が男性12％に対して女性9％と僅差となっており、30代以降における結婚の発生には有意といえるほどの男女差は初婚同士婚ではそこまでない、といえる。

女性についても、49歳までの結婚が100％（四捨五入）となっているため、50歳時未婚率が生涯未婚率と統計上呼称されることについては違和感がない。結婚を希望する若者にとって意識すべきベンチマークとしては、50歳時未婚率（生涯未婚率）よりも、初婚同士結婚のピーク年齢や婚姻発生の年齢別割合を周知するほうがより有益であると考えている。

婚活年齢はジェンダーレス

様々な分野でジェンダーレスが叫ばれる時代であるが、**成婚年齢は統計的にみて男女の年齢差はほとんどないといっても支障がなく、まさにジェンダーレスな状態**といえる。

よく「お金がないから結婚できないのだろう」「男の結婚は遅くても大丈夫」「女は、男よりも若く結婚すべきだ」「結婚相手として選ばれるためには、年齢よりも、みた目が重要だろう」などといった声が結婚支援の外野にいる人々からあがるのを耳にするが、データは端的に、婚活は「**男女関係なく、若いほうが有利**」であることを示唆している。結婚支援の現場からは、この点について男性ほど勘違いしている人が多く「男性だからいくつになっても授かれる」、ゆえに「いくつになっても選ぶ側であり、結婚もできる」と考えて婚活相談をしてくるという話を聞く。

統計的にみれば、**30代に入ったならば、相手の女性の年齢（の若さ）ばかり求めている男性は「20代男性との争い」であることをしっかりわきまえ覚悟して活動する必要**がある。同様に、**相手の男性のスペック（年収や社会的地位）の高さばかりを求めている女性は、「20代女**

図表6－7　初婚同士結婚における夫婦年齢差による成婚割合（2022年）

夫婦年齢差	成婚件数（件）	成婚割合（%）
妻3歳上	7,781	3.0
妻2歳上	12,842	5.0
妻1歳上	26,787	10.5
男女同年齢	57,049	22.3
夫1歳上	36,326	14.2
夫2歳上	24,454	9.6
夫3歳上	18,477	7.2
男女1歳差以内	120,162	47.0
男女2歳差以内	157,458	61.5
男女3歳差以内	183,716	71.8
総　数	255,895	100.0

（注）　2022年に「婚姻届を提出＋結婚生活を開始した者」
出所：厚生労働省「人口動態統計」より筆者作成

性との争い」であることを覚悟することが不可欠となる。

ただ、この女性側の覚悟についてばかりがなぜか強調され、**男性側の覚悟は極めて甘く考えられているとの指摘が現場から多くあがっている点が婚活市場のいびつなところ**であり、前掲の図表6－1で示したような男女の未婚格差につながっている可能性は高い。

年齢が上昇していることのリスクを顧みずに婚活を続ければ続けるほど、さらに年齢が上昇して不利になり、未婚化するという負のループである。

婚活をどのように行おうと個人の勝手ではあるものの、**希望する年齢差によって活動の成功率は大きく異なってくる**。なぜなら、統計的にみると、夫婦の年齢差は、図表6－7のようになっているからである。

意外と感じる人が多いかもしれないが、最も多いのは同年齢婚である。さらに、わずか1歳差までの結婚が全体の半数（47・0％）を占め、**3歳差までの結婚で7割を超えている**（71・8％）。

つまり、**3歳差を超えるような結婚を望む結婚希望者は、その性別・年齢を問わず、統計的にみれば「発生が難しい」結婚を望んでいる**ことになる。よほど競争有利な条件を相手（ならびに仲介者等）に提示することが必要となる結婚を望んでいるのだという認識で婚活に挑むことが必須である。

中年婚活者が気づかない「世代間学歴格差」

自分よりもはるかに若い女性ばかりを求めている男性は、「世代間の学歴格差」も強く認識しておく必要がある。

ある地方の結婚応援団体から、「女性会員に比べて、男性会員の登録年齢は高い。それなのに、男性はご自分より学歴の低い年下の女性がよいとおっしゃるのです。登録者のデータを確認してみましたが、当てはまる女性はほとんどいないのです」と相談を受けたことがある。

これは、この団体の会員の登録状況が偶然そうなっているから起こっているわけではない。実は多くの人が想像する以上に「**世代間の学歴格差**」が広がっているからである。

年齢別の大学進学率を**図表6－8**でみると、2001年進学の（2024年に41歳を迎える）男女は、男性の46・9％、女性の32・7％が4年制大学に進学しており、男女の進学差は14・2ポイントだった。男性の約半分は4年制大学進学だが、女性は約3分の1にとどまる。ところが、10年後の2011年進学（2024年に31歳を迎える）になると、男性56・0％、女性45・8％が4年制大学へ進学しており、男女ともに一気に進学率が上昇し、男女差も10・2ポイントに縮小している。

40代の男性は、彼らが大学に進学した当時の統計情報から、一般的な印象として「女性は男性より学歴が低くて当たり前」「4年制大学卒業（4大卒）女性はかなり高学歴」と思いがちだが、アラサー女性にとっては女性でもほぼ2人に1人が4年制大学に進学しているため「4大卒なんて、男女関係なくまあ普通の話でしょ」というイメージを持っている。これが20歳の

図表6－8　4年制ならびに短期大学進学率の推移

（%、ポイント）

進学年（年）	2024年年齢（歳）	4年制大学進学率				短期大学進学率			
		男女計	男性	女性	男女差	男女計	男性	女性	男女差
1971	71	19.4	30.3	8.0	22.3	7.4	2.2	12.8	−10.6
1981	61	25.7	38.6	12.2	26.4	11.1	1.9	20.8	−18.9
1991	51	25.5	34.5	16.1	18.4	12.2	1.8	23.1	−21.3
2001	41	39.9	46.9	32.7	14.2	8.6	1.8	15.8	−14.0
2011	31	51.0	56.0	45.8	10.2	5.7	1.2	10.4	−9.2
2021	21	54.9	58.1	51.7	6.4	4.0	0.9	7.2	−6.3
2022	20	56.6	59.7	53.4	6.3	3.7	0.9	6.7	−5.8

出所：文部科学省「学校基本調査」より筆者作成

女性ともなると、「4大卒男性なんて珍しくもない。むしろ高卒男性のほうが少ないし」という肌感覚である。

つまり、若い世代ではもはや4大卒は男女ともに珍しくなくなったが、中高年にとっては「4大卒は高学歴であり、女性からある程度はリスペクトされる学歴かも」という思い込みがあり、**学歴に対する価値観が若い世代とはかみ合わなくなっている**。したがって、学歴的な「下方婚」を希望する男性は、若い女性との結婚を希望すればするほど、学歴でリードできるお相手を統計的に見つけにくい。むしろ、学歴下方婚を目指すのであれば、統計的には同世代か上の世代の女性を目指したほうがリスペクトされる確率は高くなる、ということになる。

30～40代の婚活男女の親世代は、男女の学歴格差が2割を超えた時代の男女であり、さらに4大卒など、男性でも約3割、女性などは2割もいない時代のため、「男性からみて下方婚が当たり前」と、なりやすい。困ったことに、このような世代間格差を認識しないで現状を無視した価値観のズレた婚活は、特に地方の結婚支援現場において、いまだに少なからずみられている。20代の女性を希望する40代男性に対して、高齢の結婚支援者が「どんどん申し込んだらいいよ」と助言して、当然ながらまったく成婚につながらず、男性もその親も「別におかしくないし、いつかは結婚できるはず」と思い込み、男性の年齢だけが上がっていく、という弊害もみられている。結婚年齢や夫婦の年齢差に関しては当事者だけではなく、その親や支援者も現実の状況を正しく認知しておきたい。

以上から、男性であれ、女性であれ、結婚には明確な適齢期があり、しかもそれが男女ともに20代後半の同年齢ゾーンにある、という現実を解説した。**結婚に関して年齢が非常に重要なキーとなることを特に男性に関して感じていない非科学的な結婚観の社会が、結果的に若い男性を苦しめている。**婚活における社会の無理解に若年男性が最も苦しんでいる様子がうかがえるデータを次に紹介したい。

Column

知っておきたいデータ雑学②

フィルターバブルの罠

ＩＴ社会といわれるようになって長いが、ＩＴ社会がもたらす特有の誤解促進の罠「フィルターバブル」についてはいまだに知らない人も多い。フィルターバブルとは、レコメンドエンジンの仕組みによってもたらされる思い込み現象である。

ネット検索で、ある項目（猫、ダイエット、釣り等）を検索して記事を読むとレコメンドエンジンが作動して、読者に合ったおすすめ記事として、次回からは以前検索した記事と類似した記事が優先的に画面の上位にあがってくる。

たとえば、猫好きな人が猫の記事を検索して閲覧したとしよう。次回からは猫の記事が画面上に多くなる。レコメンドエンジンの機能を知っていれば「そういうことか」と思うだけなのだが、これを知らない人は「最近は世の中、猫好きだらけになってきたな。コロナ禍でさみしくて猫を飼う人が激増したんだろうか」などといった憶測までして、バイアスのかかった印象を社会に持ち始めてしまう。

レコメンドエンジンは主に情報ポータルサイト、ショッピングサイトなどで運用されているが、ネット上にみえる世界が社会のそのままの姿であると勘違いしないように気をつけたい。

結婚に関する情報では「最近、年の差婚が増えているけれど」「アラフォーで結婚する人がたくさんいるけれど」といい切るコメントを見かけることがある。しかし、そういった人々は年の差婚や中年婚の記事を好んで読んでいるうちに、画面が年の差婚と中年婚情報で埋め尽くされ、それがあたかも世の中のトレンドのように勘違いしてしまっているにすぎない。

3 未婚化する日本で、最も苦しんでいるのは誰なのか

少子化対策深掘り調査からみえてきたこと

現時点で統計的結婚適齢期（または交際期）にある若年男性たちは昔と比べても依然高い結婚意思を持っているが（第2章参照）、彼らが未婚化が進むこの社会をどのように捉えているのかが垣間みえる、非常に興味深いデータがある。

2022年に埼玉県が実施した「少子化対策深掘り調査」において、筆者はデータアドバイザーを務めることとなった。埼玉県在住の20〜39歳の男女を対象としたこの調査は、国立社会保障・人口問題研究所が実施している大規模調査「出生動向基本調査」の結果のなかで「どう

してそうなるのだろうか」と不明な点について、深掘りするために実施されたアンケートならびにインタビュー調査である。

アンケート調査において、「結婚にあたり、県や市町村に【環境面】で実施してほしいことは何ですか?」という独身者への質問がある（単一回答)。選択肢は

❶ マッチングアプリ等のシステムによる出会いの機会提供
❷ 婚活イベント等の直接的な出会いの機会提供
❸ 結婚支援相談員等によるお見合い支援
❹ 結婚を希望する人を応援する社会的機運醸成
❺ その他

となっており、結婚希望者同士をつなぐためのシステム的な選択肢が❶〜❸で、「そもそも婚活を応援してもらえない」という社会環境面が❹である。

意外なことに、圧倒的に多かった回答（46・5％）は「結婚を希望する人を応援する社会的機運醸成」という驚くべき結果となった。**未婚化支援は仕組みよりも周囲の心の問題、と若者たちは感じている**ともいえる結果である。

そして、この回答を男女・年齢階層別にみたものが図表6-9である。

20〜30代において、男性のほうが女性よりも「社会で結婚を応援してほしい」と考えている

図表6－9 結婚において県や市町村に「環境面」で実施してほしいこととして、「結婚を希望する人を応援する社会的機運醸成」を選択した人の割合（独身男女・年齢階層別）

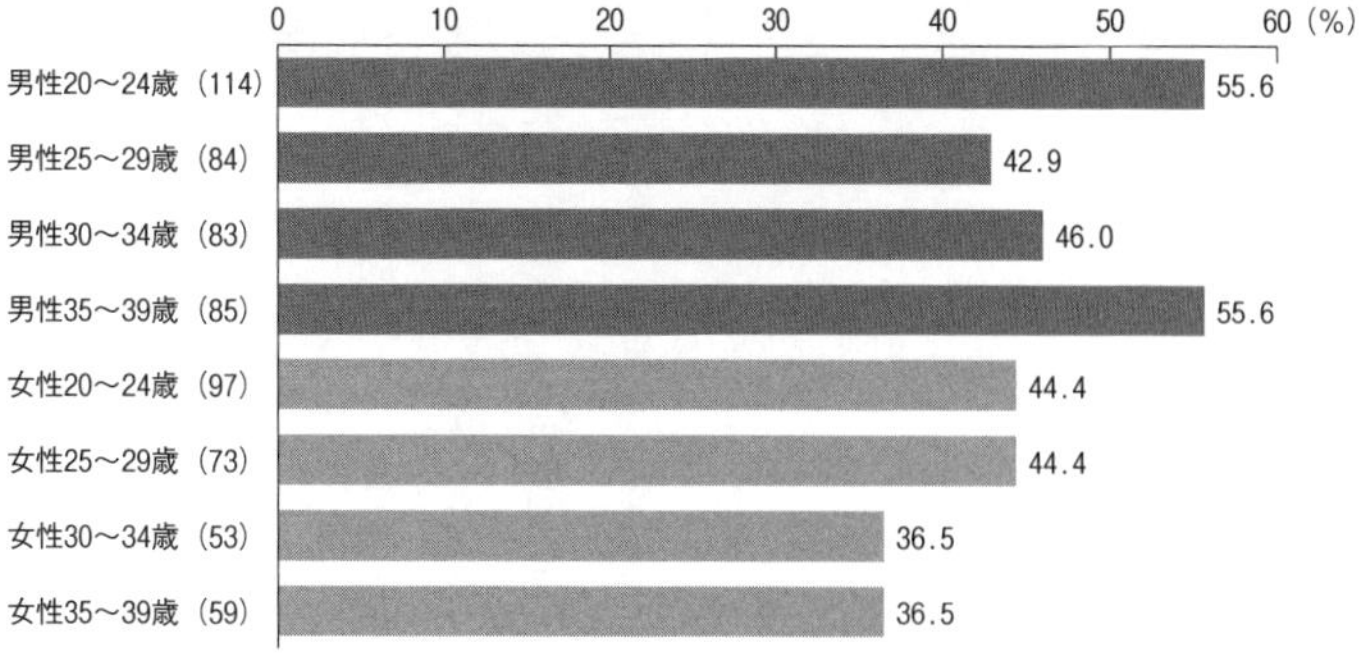

（注）（　）内は回答者数、単一回答
出所：埼玉県「少子化対策深掘り調査」（2022年）より筆者作成

ことが示されており、特に20代前半男性と30代後半男性の選択割合が高くなっている。両者にはさまれたアラサー男性は社会がちょうど「子育て支援」の対象とイメージしている年齢ゾーンである。つまり、それより前の20代前半男性は「まだ若い」というアンコンシャス・バイアスのもと、周囲が彼らの婚活や結婚を応援する機運に乏しいということかもしれない。また、30代後半男性については「したいなら結婚している年齢だろう。していないのはしたくないからだろうから、そっとしておこう」と、これもまた過去の総婚時代のアンコンシャス・バイアスによって配慮されていないのではないだろうか。

アンケート調査後に実施したインタ

ビュー調査では、「男は若いうちは色恋なんていわずに働けという職場の雰囲気」「若いのだからもっと働け的な会社で、ブラック労働職場」「男性ばかりの職場だから、出会いがない」「25歳で結婚報告をしたら、同期男性たちから若いのに焦っているとばかにされた」など、未婚、既婚双方の男性から、結婚を応援する社会機運醸成の必要性を説く回答が次々と出された。「結婚していて当たり前」だった中高年には想像しがたい状況に、今の若者、特に男性が置かれており、彼らが悩んでいる状況が浮き彫りとなる結果であった。

多様性が謳われる時代、「結婚に関して周囲がケアすることについてハラスメントといわれないか」と心配する声も少なくない。講演会でも、判で押したかのように、「結婚応援によってハラスメントといわれたくないが、どうしたらよいか」という質問が出る。

多様性を認めるならば、社会において結婚を希望する人もしない人も等しく応援されねばならないはずである。ましてや「早すぎる」といった勝手な思い込みで結婚希望者の出会いの機会を社会が侵害するようなことがあってはならないが、データからはアラサー未満男性には配慮が及んでいない、といった状況が示唆されている。**かつての総婚時代の価値観が蔓延する超高齢社会において、結婚に関して苦しんでいるのは女性よりもむしろ男性のようである**という結果となっている。

「跡取り文化」がもたらす苦しみ

社会全体のマクロでみた結婚応援に関する機運不足だけでなく、ミクロでみても、特に地方部において、結婚や家族の在り方について周囲の考え方との相違に苦しんでいるのは、やはり若年女性よりも若年男性であると示唆する結果が出てきている。

福岡県が2020年に実施した「男女共同参画社会に向けての意識調査」において、「『男は仕事、女は家庭』という考え方があります。あなた自身の気持ちとしては、この考え方にどの程度同感しますか」という質問がある。

これに対して「あまり同感しない」「同感しない」と回答した反対派割合が、30代より若い世代では、女性よりも男性において高く、特に18〜29歳の男性では反対派が76%と同世代女性よりも13ポイントも高い、という顕著な世代間格差と性差を示す結果が出ている（図表6－10）。

福岡県は、2015年に内閣府が実施した「地域における女性の活躍に関する意識調査」において、「夫は仕事、妻は家庭」の考え方（自分の家庭に限らず、一般的にそうだと思う）へ

図表6－10　福岡県における性別役割分業意識（男は仕事、女は家庭）に対する反対派割合（男女・年齢階層別）

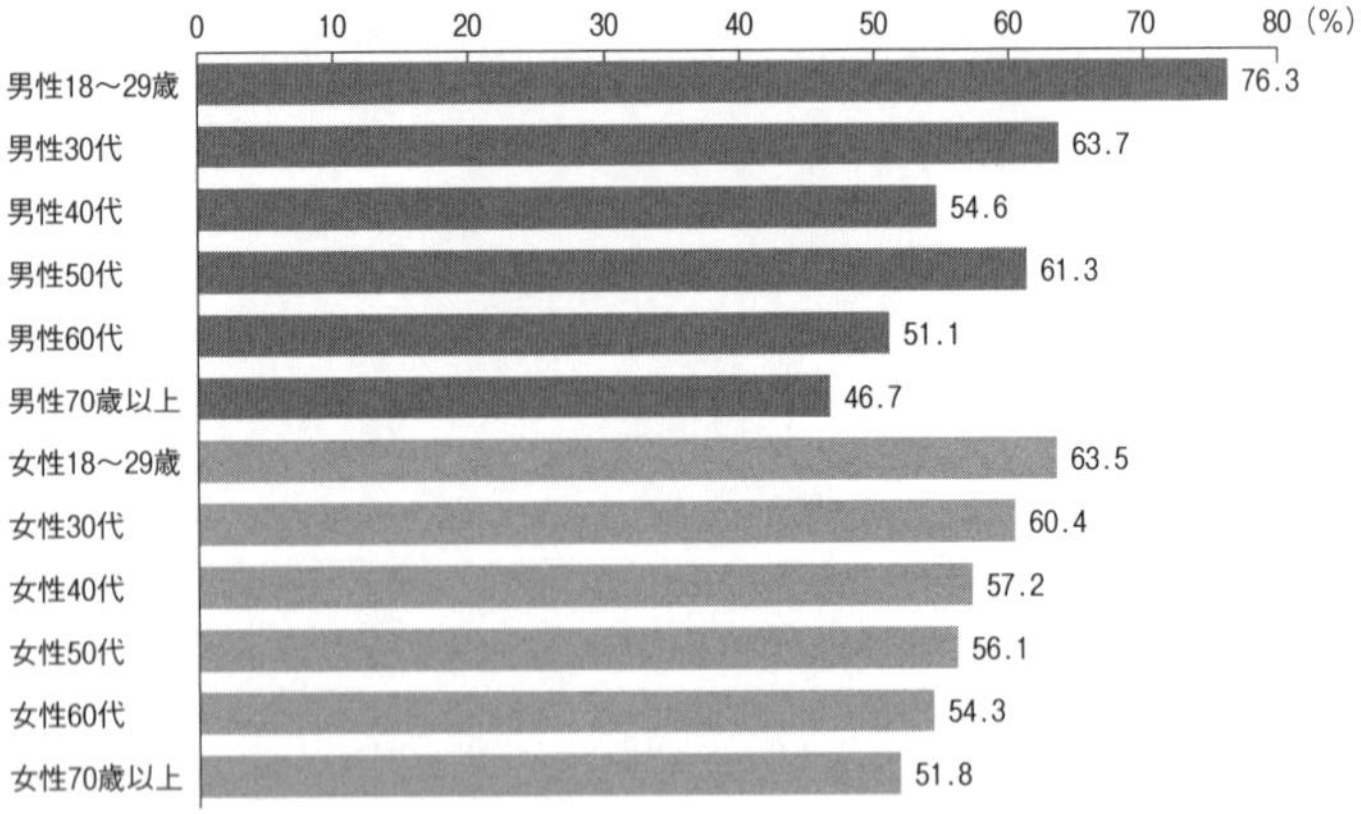

（注）　反対派：「あまり同感しない」「同感しない」の合計
出所：福岡県人づくり・県民生活部男女共同参画推進課「男女共同参画社会に向けての意識調査報告書」（2020年3月）より筆者作成

の賛成割合が47都道府県で最も高かった「伝統的家族価値観が強い」県である（図表6－11）。

　2015年に、47都道府県で最も性別役割分担主義機運にあった県において、その5年後に実施された調査結果からは、若い男性が世代間の価値観の差異に最も苦しんでいるだろうことが示唆されている。

　ちなみに、2022年に内閣府が実施した「男女共同参画社会に関する世論調査」を確認してみると、「夫は外で働き、妻は家庭を守るべきである」に反対する18～29歳の割合は、全国ベースで男性79・8％、女性81・3％と僅差となっている。全国平均と照ら

図表６－11　自分の家庭に限らず一般に、「夫が外で働き、妻が家を守る」べきだと思う割合（男女合計）ランキング

（％）

順位	都道府県	肯定派	否定派
1	**福岡県**	**37.4**	**62.6**
2	山口県	36.8	63.2
3	宮城県	36.4	63.6
4	奈良県	36.2	63.8
5	長崎県	35.0	65.0
6	愛媛県	34.8	65.2
7	広島県	34.4	65.6
8	山梨県	33.8	66.2
9	三重県	33.6	66.4
10	兵庫県	33.6	66.4
23	東京都	32.0	68.0
—	全国	31.7	68.3

（注）　肯定派：「そう思う」「ややそう思う」の合計、否定派：「そう思わない」「あまりそう思わない」の合計

出所：内閣府「地域における女性の活躍に関する意識調査」（2015年）より筆者作成

し合わせてみて、福岡県においてなぜここまで若い男女の反対割合の差が顕著となっているのだろうか。これに関しては、第4章で述べた東京一極集中のデータが参考になるだろう。

既述のように、東京一極集中は2009年以降、常に「20代前半女性を中心に東京に社会増が発生している」現象である。もし「若い男性のほうが若い女性よりも地元の就業価値観に共感していて、地元に残りたい人が多いから残っているだけ」であれば、図表6－10のような結果にはならない。2022年の福岡県の社会増減（移動による人口の変化）をみると、福岡県は他の46都道府県との関係では4869人純増している「人口綱引きの勝ち組」である。しかし一方で、内訳としての東京都との関係では▲3395人純減させてしまっている。男女別にみると男性▲1451人、女性▲1944人で、実に男性の1・3倍の女性を東京都に転出超過させているのである。

このように男性よりも女性を多く東京都に流出させている人口動態と、図表6－10の意識調査の結果を合わせて考えるならば、**男性は地元の就業・家族価値観が合わないと思っていても、地元を去ることができない何らかの事情が女性よりもあるのではないか**と考えられる。女性のほうが「地元の価値観と合わないなら、出ていけばよい」と出ていくなかで、地元に残った若い男女の価値観に差異（女性のほうが地元価値観反対派が残りにくい）を示す結果となっている。

図表6－12 若い世代において女性よりも男性のほうが性別役割分業（男は仕事、女は家庭）の反対派割合が高くなる背景

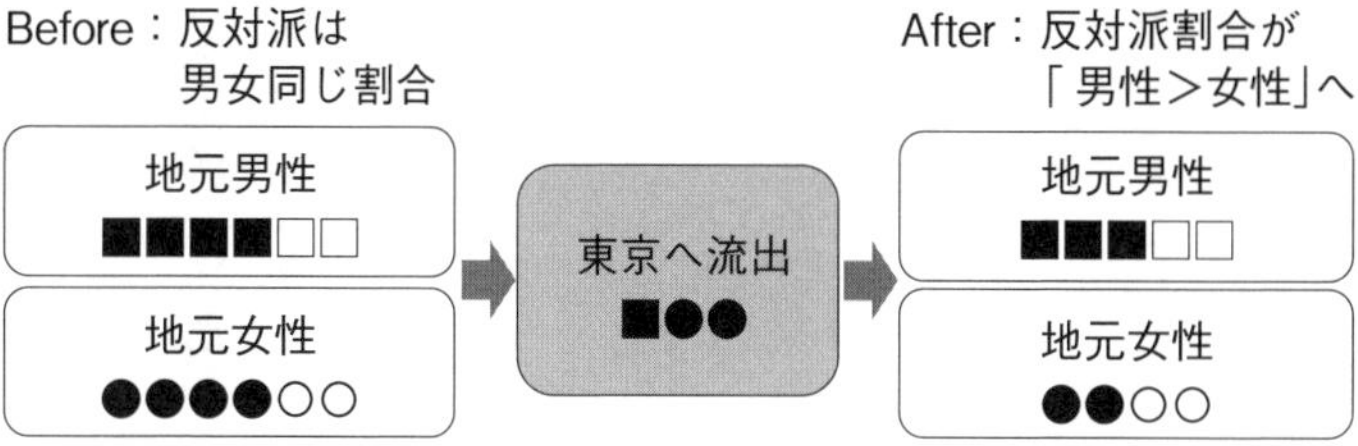

（注） 反対派：■●、賛成派：□○

男女ともに地元の就業価値観が合わなければ就職時にどんどん出ていく、という20代男女東京一極集中のトレンドのなかで、自営業、同族企業などにおいて「跡取り息子」とならない女性のほうが地元を去りやすい環境にある。この「事業承継は原則男性がするもの」という地元の価値観のもとで、女性よりも男性のほうが多く地元に残らざるをえない。その結果として、若い男性のほうが若い女性よりも性別役割分業（男は仕事、女は家庭）への反対派割合が極めて高くなっている、という解釈が自然であると考える（図表6―12）。

地方講演会で、この福岡県のデータを紹介しつつ「跡取りは息子・長男という文化が地方は根強くあるからこその結果ではないか」と問いかけると、聴講者の多くが頷く姿がみられる。講演会後、ある企業の役員から「正直、娘を手元に残した自分は大正解だったと思っている。結婚後も実家近くに新居を決めてくれて、孫の顔もいつでもみられ

る。息子のほうを手元に残したらこうはならなかっただろう」という話があった。

未婚化から少子化が止まらない日本において、「結婚できて当たり前」「夫婦とはこういうもの」という伝統的価値観に苦しめられているのは、若い女性よりもむしろ若い男性ではないかという前述のようなデータが、なぜかピックアップされない傾向が続いている。少子化対策（＝出生減対策）といえば「ママと子どもの応援」そして「パパも応援」対策止まりであるために、効果がまったく現れず出生減が止まらないにもかかわらず一向に原因と対策の深掘りが行われない。

「社会的に封印され続けている若年男性の気持ち」に寄り添う日本社会への変革の前に立ちはだかるアンコンシャス・バイアス。かつての若者たちの持つ**思い込みに満ちあふれた少子化対策の早急な改革を、「アンコンシャス・バイアスの打破」として強く訴えたい。**

4 離婚化する日本

離婚の「みえる化」が加速

第1章で述べたように、日本の出生数の減少速度（半世紀で6割減）は、初婚同士の婚姻数の減少速度とほぼ一致している。ゆえに結婚した夫婦に「2子目・3子目も産んでほしい」と既婚者を応援する多子政策目線でお願いしたとしても、そもそも対象となる夫婦の成立不全（出産可能な女性の人口減の倍速で進む婚姻減）に陥っている社会であることが日本の少子化問題の1丁目1番地であることから、少子化対策が一向に奏功していない。

繰り返しになるが、国の大規模調査の結果によれば、若者の結婚希望は男女ともに8割超と高止まりのままとなっている。第2章では、結婚希望がありながら未婚化が進む原因として、今の管理職層以上と統計的結婚適齢期世代では理想とする夫婦像がまったく異なることを解説したが、もう1点、若い世代に結婚を踏みとどまらせかねない現象の発生を示すデータの解説を行いたい。

若年世代の結婚への一歩を踏みとどまらせかねない現象、それは「離婚のみえる化」である。

統計的にみて、周囲で見聞する「結婚しました」報告に対し、「離婚しました」報告の割合が年々増加しており、日本はまさに「**大離婚化社会**」の様相を呈し始めているのである。

2022年に全国で提出された婚姻届50・1万件に対し、離婚届は17・9万件にものぼる。つまり、離婚件数/婚姻件数(「離婚化指数」と呼称する)は35%にも到達している。この35%という数字は一体、何を意味するだろうか。

周囲で発生する結婚3件に対して1件を超える離婚が発生する社会環境に日本はあるという意味である。これでは、若者が結婚に希望を持ちやすい社会、などとはとてもいえないだろう。「離婚化指数」はいい換えるならば「離婚のみえる化」の指標ともいえるが、この**離婚化指数は都道府県によって大きな差が出ている**。

「離婚化」度合いについて、単年度計算ではトレンドがみえないので、都道府県単位で10年間累計の指数を計算したランキングが図表6－13である。

1位の高知県では10年間で2・7万件の婚姻届が提出された一方、離婚届が1・2万件も提出されており、10年間の離婚化指数は45・1％に達している。つまり、高知県では結婚報告を2件耳にしたら、1件離婚報告が聞こえてくるといった状況にある。どうしてこのようなことが起こっているのだろうか。

離婚化指数が40％以上である9エリア（高知県、宮崎県、沖縄県、和歌山県、北海道、青森県、秋田県、愛媛県、鹿児島県）についてコロナ禍の3年間（2020～2022年）の社会減を前掲の図表4－4で確認してみると、高知県は2・0倍、宮崎県は1・7倍、青森県は1・5倍、秋田県は1・6倍、愛媛県は1・5倍、鹿児島県は3・2倍、男性よりも女性を多く社会減させている。北海道に関しては、男性だけ社会増（934人）しているものの、増加した男性の実に8・3倍もの女性が社会減（マイナス7751人）となっている。47都道府県のうち、コロナ禍の3年間で社会減したのは39エリアであるが、その39エリア平均では、女性が男性よりも1・4倍の社会減という状況になっている。つまり、離婚化指数40％以上の9エリア中7エリアが、社会減エリア平均を上回る角度のついた女性減を引き起こしている。一方で、沖縄県は2020～2022年に社会増（転入数が転出数より多い）となった8エリアに入ってはいるのだが、他の7エリアが男性よりも女性を多く集めているのに対して、1県だけ

21	茨城県	123,024	46,481	37.8%
22	長崎県	55,539	20,964	37.7%
23	福岡県	253,216	95,077	37.5%
24	三重県	77,057	28,785	37.4%
25	静岡県	159,781	59,246	37.1%
26	大阪府	444,992	164,662	37.0%
27	栃木県	85,913	31,747	37.0%
28	佐賀県	34,794	12,849	36.9%
29	兵庫県	245,867	90,403	36.8%
30	岐阜県	80,663	29,400	36.4%
31	岡山県	85,747	31,117	36.3%
32	埼玉県	327,048	118,260	36.2%
33	千葉県	281,399	100,958	35.9%
34	京都府	114,071	40,786	35.8%
35	山形県	40,712	14,548	35.7%
36	宮城県	103,252	36,766	35.6%
37	島根県	26,561	9,416	35.5%
全国		5,884,352	2,082,455	35.4%

出所：厚生労働省「人口動態統計」より筆者作成

図表6－13　2013～2022年（10年間）における「離婚化指数」が高い（離婚がみえやすい）エリアランキング（全国平均以上）

順位	都道府県	10年間婚姻数	10年間離婚数	10年離婚化指数
1	高知県	27,470	12,387	45.1%
2	宮崎県	46,748	20,773	44.4%
3	沖縄県	79,376	34,928	44.0%
4	和歌山県	39,094	16,889	43.2%
5	北海道	231,653	100,062	43.2%
6	青森県	47,655	20,446	42.9%
7	秋田県	32,105	13,070	40.7%
8	愛媛県	54,904	22,123	40.3%
9	鹿児島県	69,658	27,963	40.1%
10	大分県	48,926	19,327	39.5%
11	徳島県	29,368	11,574	39.4%
12	福島県	77,728	30,431	39.2%
13	奈良県	52,653	20,558	39.0%
14	山口県	55,305	21,493	38.9%
15	岩手県	45,798	17,779	38.8%
16	群馬県	80,580	31,261	38.8%
17	香川県	42,420	16,275	38.4%
18	熊本県	76,664	29,381	38.3%
19	山梨県	34,967	13,280	38.0%
20	鳥取県	23,695	8,997	38.0%

男性が女性の3・2倍増となっており、男性余りを引き起こす人口動態となっている。

国勢調査の結果からは、女性のほうが男性よりも早い年齢から結婚に向けた行動を開始して多く成婚していく傾向がみられていることから、若年女性不足が目立つエリアは未婚男女双方がバランスよく減るエリアに比べて若年男性割合が高く、「未婚に対する危機感を体感する割合が低い」のではないかと筆者は考えている。社会減による若年人口不足でそもそも結婚の成立が量的に難しいことに加えて、未婚化への危機感の低さが相まって、新規婚姻数不足となり「結婚報告に対して、何だか離婚報告が多いなあ」という状況に陥っている可能性がある。

いずれにしても離婚化指数の大きさで上位に並ぶエリアは、20代人口の転出超過が長期に続くエリアが圧倒的となっている。

つまり、「**若年人口の県外流出→結婚件数の低下→離婚化指数の上昇**」という残念なループが続いている状態といえる。

なお、離婚化指数が全国平均（35・4％）以上のエリアは37道府県（78・7％）にも達している状況（**図表6－13**）にあるが、1位の45・1％（約2分の1）と37位の35・5％（約3分の1）では9・6ポイントの差が出ており、離婚のみえる化には大きな地域差があることも示されている。**都道府県によって、結婚希望者が持つ結婚のイメージ（離婚への危機感）が大きく異なる可能性**が感じられるデータである。

「東京砂漠」という幻想

東京都の出生率が低い理由は、未婚の若い20代女性が大量に地方から横滑りで転入超過してくる（転出より転入のほうが多い）からである（第3章参照）。繰り返しになるが、地方からの若年未婚女性の継続的な転入超過で東京都では未婚割合が高くなるために、出生率も低く計算されてしまう。しかし、エリアとしては新規の若年人口が継続的に転入超過することによって、「**若年人口の大量転入超過→結婚件数の増加→出生数（実数）の維持**」となっており、**東京都は全国一、子どもが減りにくい非少子化エリア**となっている。

ましてや「『東京砂漠』といわれるように、東京は離婚が多くてかわいそうなエリアに違いない」という思い込みは、統計的にみるとまったくの誤解である。

日本の未婚化の話をした際に、「なるほど。東京都は離婚割合が高くて離婚だらけ。地方の夫婦のほうが幸せっていうのはありますよね」という感想を述べた育児中のパパがいた。しかしこれはアンコンシャス・バイアスの典型例で、実態はそのパパが住むエリアこそ、前掲の**図表6－13**で示した「離婚化指数」が高いエリアランキングで20位以内に入っていた。東京一極

図表6−14 2013〜2022年（10年間）における「離婚化指数」が低い（離婚がみえにくい）エリアランキング（全国平均未満）

順位	都道府県	10年間婚姻数	10年間離婚数	10年離婚化指数
1	東京都	820,937	224,224	27.3%
2	石川県	48,923	15,527	31.7%
3	愛知県	386,909	122,797	31.7%
4	富山県	41,888	13,343	31.9%
5	滋賀県	64,871	21,227	32.7%
6	福井県	33,024	10,807	32.7%
7	神奈川県	449,353	149,179	33.2%
8	新潟県	86,420	28,839	33.4%
9	長野県	86,890	30,633	35.3%
10	広島県	128,734	45,417	35.3%
全国		5,884,352	2,082,455	35.4%

出所：厚生労働省「人口動態統計」より筆者作成

集中という言葉を知っている人は多いと思うが、その結果、**若年男女の大量増加を原因として東京都は婚姻多発エリア**となっている。結婚適齢期にある若い男女が多いために結婚の発生件数もパラレルに多くなっており、２０１３〜２０２２年の10年間のトレンドでみて唯一、離婚化指数が3割を切って27・3％となっている、全国一の「非離婚化」エリアである（図表6−14）。

しかし、先ほどのパパの意見を聞いて実態を知らずに同意する人は少なくないように思う。人々が持つ一般的な社会イメージがいかに統計的に不正確なものであるかを象徴するかのようなできごとであった。

東京都と最も離婚化指数が高い高知県を比べると、17・8ポイントもの大差がついている。東京都においては、体感的には「(人口母数が多いため) 確かに離婚はよく耳にするが、結婚話も多いので気にならないかな」となる。

ここで気をつけなければならないのは、離婚化指数が低い (離婚がみえにくい) エリアには2つのパターンがあるということである。

❶ 若者の転入超過数が多い若者人気エリア (新規婚姻数が多いので離婚が目立たない＝プラスが多く、マイナスを埋めて余りある)

❷ 若者は出ていってしまっているものの、地元残留組の夫婦の幸福度は高めで、離婚に至りにくいエリア (新規婚姻数の減少は激しいものの、離婚件数も少ない＝プラスは少ないが、マイナスもとても少ない)

つまり、離婚化指数を下げて結婚に対する破局のイメージ蔓延をできる限り回避するためには、新規婚姻数を増やし、離婚件数を抑えるという2つのアクションが必要になってくるが、いずれにおいても共通して必要なのは、**交際中に (または交際を決める際に) 2人が結婚後の生活について十分にイメージ合わせをすること**だろう。

「そんな当たり前のことをいわれても」と思う読者もいるかもしれない。しかし、筆者主催の研究会に属する結婚支援団体からの話や離婚経験者へのインタビューからは、「なぜ結婚前にその点について話し合わなかったのか」と思うケースが後を絶たない。結婚支援現場の支援者からは「自己PR欄に結婚後の生活のイメージをしっかり考えて書くこと。その際には、独りよがりなイメージになっていないか、支援者と相談すること」の大切さが指摘されている（注2）。

男女の急速な高学歴化、雇用に関する法整備の進展などで、今や5年ひと昔で人生観が大きく変化している時代である。このような時代において、出会った相手との結婚後の生活のすり合わせを行わずに結婚したならば、離婚のリスクが非常に高くなる。ましてや「親の姿を漠然とベンチマークとしていた」「相手の選択を多分に親任せにしていた」「親に依存した生活が前提となっていた」といった人との結婚では、「価値観が合わない」「結婚後の社会環境とマッチしない」などのトラブルが発生するリスクが極めて高い。結婚支援の現場では、これらを「**親ブロック**」と総称している。高齢化する日本の社会風土が離婚化にもたらす影響は現場の声を聞く限り、年々大きくなっている。

離婚したカップルのうち、結婚後同居期間5年以内の離婚が32％（約3組に1組）、10年以内の離婚が52％（約2組に1組）と、離婚の半数以上が10年以内という時代（注3）において、若い世代の結婚を中高年が自らの価値観で支配しないように注意することの重要性は極めて高い。

単年でみても、５年でみても、10年でみても離婚化指数が35％超の大離婚化社会ニッポン。

子育て支援を謳うその前に、その子どもを授かるだろう若き２人の人権を、我々中高年は尊重できているのだろうか。

（注）１　国立社会保障・人口問題研究所「第12回出生動向基本調査」

２　自己ＰＲ欄では、男性は自分の自慢したいこと、女性は自分の趣味や関心ごとを羅列する傾向がある。

３　２０２２年「人口動態調査」実績値をもとにした筆者の分析による。離婚発生年齢層はアラサー以上でまんべんなく発生しているが、30代男女が最も多い。

＊　本章４節は「『結婚に対して離婚が多い』都道府県ランキング」（東洋経済ＯＮＬＩＮＥ、天野馨南子、２０２３年10月29日）を改編のうえ掲載。

第7章

世界からみた「異次元ぶり」への対策こそが少子化対策

1

誤解に満ちた日本の少子化対策議論

最終章となる本章では、まず、ここまで解説した日本の少子化対策における非科学的な議論をまとめておきたい。

第1章では、日本の半世紀に6割減という大幅な出生減が、夫婦当たりの子どもの数に、ほとんど起因していないことを統計的に説明した。初婚同士の夫婦が持つ子どもの数は、この半世紀、ほとんど減少していない。夫婦は変わらず、子どもを2人持っているのである。

一方、半世紀の出生減とほぼ同率で、かつ高い相関関係で（ほぼ完全一致の動きとして）カップル数（婚姻数）が大幅に減少している。その婚姻減のスピードは、出産可能期にある女性の人口減の倍速のスピードで進行している（図表7－1）。

まさに**「カップルなくして出生なし」であるにもかかわらず、カップル成立後の「既婚者政策」ばかりに大きな予算が少子化対策として割かれてきた。昨今の異次元といわれる少子化政**

図表7－1　婚姻数の大幅な減少が出生減の真因

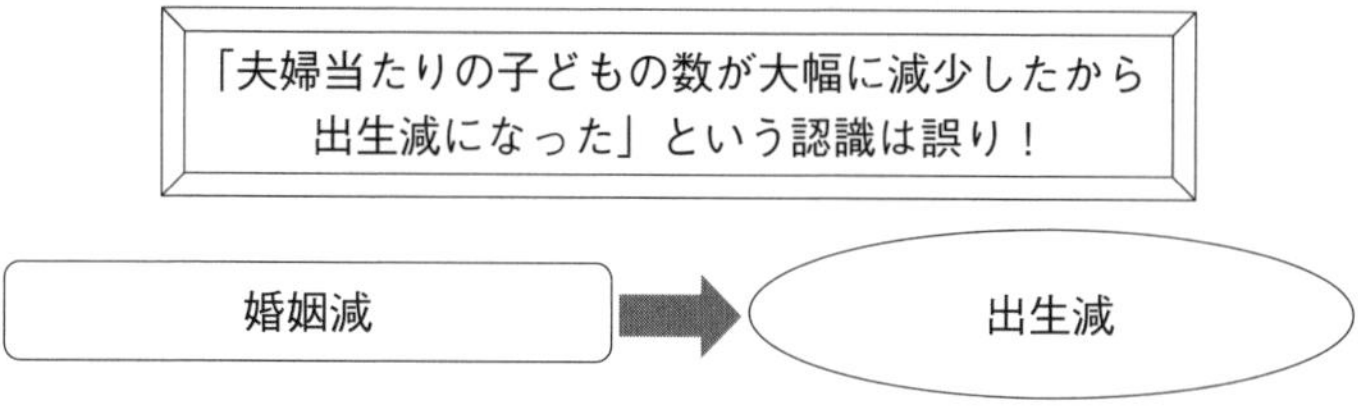
「夫婦当たりの子どもの数が大幅に減少したから
出生減になった」という認識は誤り！
婚姻減
出生減

策についても、「既定路線の金額充実バージョン」となっている。

異次元というならば、これまでX軸とY軸という2次元の平面上にあった政策にZ軸が新たに描かれ、3次元の政策になるはずだが、あくまでも平面上の（X0、Y0）から、座標軸上の遠くへ（例：X50、Y50）拡大したことをもって異次元といっている、という印象しか持てない。

第2章では、少子化は婚姻減が主因である、という話になると必ずループして出てくる議論である「結婚したくない人が増えたからだろう」「女性が社会進出したからだろう」という確証バイアスについて反証を示した。今の若者も、男女ともに結婚意思は8割を超えており、30年前と比べても若者の結婚希望が大幅に減少した（から大幅婚姻減となっている）というエビデンスはない。

また、女性が社会進出したことで、若い男性が結婚希望を持てないわけでもない。今の（統計的に婚姻が多発する）結婚適齢期にある若い男女は、子育て期も夫婦共働きの夫婦像を最も理想としている。この若い世代の理想の夫婦像は、実は現在の管理職層以上の50

図表7－2　現在の中高年と若い世代の理想の夫婦像には大きなギャップがある

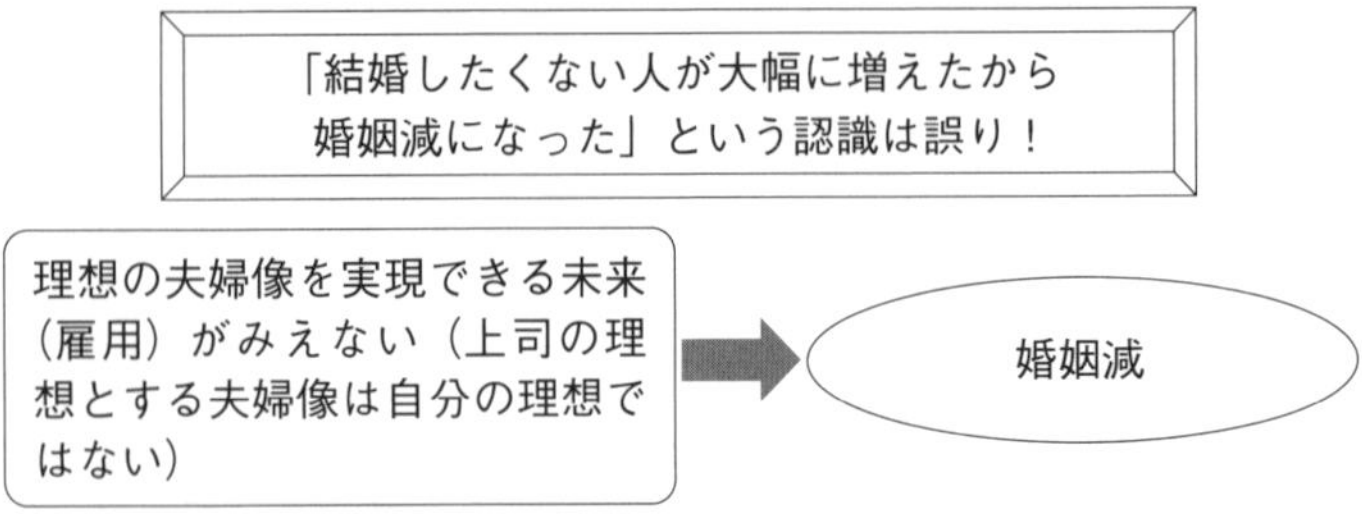
「結婚したくない人が大幅に増えたから
婚姻減になった」という認識は誤り！
理想の夫婦像を実現できる未来（雇用）がみえない（上司の理想とする夫婦像は自分の理想ではない）
婚姻減

代以上の男女が最も「理想としなかった」夫婦像である。

このことが、少子化に対するあらゆる「中高年が考えるよいこと施策」を無効なものにしているともいえるだろう（図表7－2）。

筆者は自治体の少子化対策担当者向けの研修講師も行っているが、講義後に次のように述べた中堅自治体職員たちの言葉が印象的であった。

「子育て支援さえすれば、結婚したいと思ってくれるのではないかと思っていました。しかし、そもそも論として、若い世代がなりたい夫婦像を可能にするための支援が整っていないことにやっと気がつきました」

「自治体の子育て応援施設の数を増やして『応援強化！』と誇ってきましたが、平日9時から17時オープン、土日休業のままでした。これでは、正社員カップルは夫婦ともに利用できませんよね……」

第3章では、未婚化といっても自治体によって少子化のスピードが大きく異なっていること、そして、統計的には意味をなさない、自治体間の出生率比較による少子化対策が、さらに少子化を進める危険な結果をもたらしていることを解説した。

若い未婚女性の移動はそれだけで自動的に出生率を上昇（女性が転出超過しているケース）または下降（女性が転入超過しているケース）させる。つまり、将来の母親候補である未婚女性が大きく減少しているエリアほど、出産可能期にある女性1人当たりが生涯に持つ子どもの数が多くなる構造にある。女性が流出した結果、出生率が全国平均や他のエリアより高くなっていることに安心して、対策が遅れる自治体が多くなりかねないため、自治体間の出生率比較による少子化対策の優劣判定は禁忌である。実際、47都道府県間では期間平均出生率とその間の出生数の変化には相関関係がない。また、出生減少速度が47都道府県のうち最速レベルの岩手県では出生率が高いエリアほど出生減が激しい、という分析結果となっている。

第4章では自治体間の出生率比較の誤解・誤用を招いている女性人流問題について、さらに深掘りするために、東京一極集中の詳細を解説した。東京一極集中は20代前半の就職期の未婚女性の移動がリードして発生している現象である。このことをしっかり把握せずに少子化対策や地方創生策を打ち出しても有効なものとはなりえない。事実、２０１４年の地方創生関連2法施行以降も、地方創生政策の柱である女性人流問題を解消できていないことがその証左である。移動によって失われている人口の属性を精査することなく、中高年によるマイ統計に基づいた「よさそうなことをしてみる政策」には、最も重要視すべき「女性の就職時の社会減」への対策は当然のことながら含まれていない。

第5章では、第1章から第4章で述べたような少子化対策に関する誤解がなぜ長く見直されてこなかったのか、気づかれてこなかったのかについて、半世紀にわたる日本の人口の年齢構造の変化を可視化することによって「シルバー民主主義」の発生リスクについて解説した。

人口構造において中高年がマジョリティー化することで、実は少子化が加速する（少子化がさらに少子化を生み出す）という「少子化の罠」がある。少子高齢化社会では、中高年世代がマジョリティー人口となるため、中高年世代における家族価値観や就労価値観が「みんながそう思っていること」として政策に反映されやすい。しかしその一方で、統計上は結婚も出生も30代前半までの男女がその大半を発生させている（男性も女性と変わらないことに注意）。

そうであるにもかかわらず、人口の6割以上を占める40代以上人口の投票結果が最も政治に反映されやすい状態に今の日本はある。さらに、地方部においては、70歳前後が最多世代となっている（注1）。この人口構造こそが、シルバー民主主義を引き起こし、今後さらに少子化を加速させると危惧される所以である。若い世代と中高年世代の価値観が同じならば問題ないが、中高年が思う正義や幸福、「普通」が今の若者にとっては正義でも幸福でも「普通」でもないという状況がある。このような社会の人口構造が、高齢者の多い地方からの止まらぬ若者流出を生み出し続けている。

そして、第6章ではこの少子化社会で最も苦しんでいるのは誰なのかというテーマで、世代間の価値観格差が生み出す日本の止まらぬ少子化に関して、その被害者を示唆するようなデータを紹介した。結婚や出産という話になると、すべて女性問題として片づけようとする議論が少なくない。しかし、今の若者世代にフォーカスしてデータを追うならば、最も苦しんでいるのは若年男性たちである。教育では平等、ジェンダーレス、多様な価値観といわれて育ってきたにもかかわらず、いざ社会に出れば、「男性が草食化した」といったハラスメント（逆ジェンダー）発言にさらされるのみならず、家族を持とうにもやはり男性側が経済的にリードして当たり前という中高年の雇用常識が重くのしかかる。

女性以上に男性の未婚化が大きく進んでいる理由を示すかのようなデータが出てきているにもかかわらず、それを読み飛ばしてしまう。「結婚や子育ては女性問題である」という、この国に蔓延する確証バイアスの根強さを読者は感じ取れたのではないだろうか。

2 理想の夫婦像に立ちはだかる「賃金格差」

第2章において日本では現在、共働き世帯：専業主婦世帯は7：3で、共働き世帯のほうが多いというデータを示した。就職時の女性流出が止まらない地方部においても、共働き世帯比率は決して低くはない。むしろ農業が主流であった戦前の家族価値観から、「妻が働くこと自体は当然」といった機運もあると、講演会や地方の委員として出張した際に耳にするくらいである。

しかし、共働きのイメージが中高年と今の若い男女では大きく違う。今の若い男女がともに目指しているのは、その就労状態（＝家庭環境）にメイン・サブがない2人の姿である。子育て期に妻が仕事を一旦退いて、子育てが一段落ついたら復帰する「再就職コース」（非正規・パート妻）を理想とする若者は、今や男女ともに3割を切っている。

今後新たに社会に出てくる男女たちにおいても、身近な夫婦見本となる親の背中がどんどん変わってきている。バブル崩壊と育児休業法施行後の親を持つ世代（2024年現在アラサー以下の男女）、リーマンショック後の親を持つ世代（同16歳以下の男女）、女性活躍推進法施行後の親を持つ世代（同8歳以下の子どもたち）とアップデートされており、子育て期には妻が一旦仕事を辞めて子育てが一段落ついたら仕事に復帰する「再就職コース」理想割合の下落と、共働き（共家事）を目指す「両立コース」理想割合の上昇が今後も続くであろう。

こうした若者たちの理想の夫婦像に立ちはだかるのが、いまだ日本に堅固に残る「男女の賃金格差」である。**日本はこの男女の賃金格差が他のOECD（経済協力開発機構）諸国に比べて極めて大きい**という実態を知る人々はあまり多くない。実際に夫婦になった際を考えると、雇用上の立場よりもこの賃金格差のほうが、どちらか一方（賃金の少ない側）に大きな家事負担を強いやすい構造、となるのは想像に難くない。

OECDによると、日本は加盟国38カ国中、ワースト4位の賃金格差となっている（図表7－3）。

日本の賃金格差は21・3％で、OECD平均の12・1％を9・2ポイントも上回る。男女賃金格差が20％以上もあるのは加盟国中わずか6カ国にすぎない。それらの国について簡単に解説しておきたい。ワースト1位の韓国は、北朝鮮との南北問題を抱えているため、徴兵制があることを知らない者はいないだろう。韓国では男女の賃金格差が3割以上も開いており、男性

図表7－3　OECD加盟国における男女賃金格差ワーストランキング

順位	国名	男女賃金格差（%）	OECD平均との差
1	韓国	31.2	19.1
2	イスラエル	25.4	13.3
3	ラトビア	24.9	12.8
4	日本	21.3	9.2
5	キプロス	20.8	8.7
6	エストニア	20.5	8.4
7	カナダ	17.1	5.0
8	アメリカ	17.0	4.9
9	メキシコ	16.7	4.6
10	フィンランド	15.3	3.2
11	オランダ	14.8	2.7
12	イギリス	14.5	2.4
13	スロバキア	13.8	1.7
14	スイス	13.8	1.7
15	チェコ	13.6	1.5
16	ドイツ	13.5	1.4
17	ハンガリー	13.1	1.0
18	ポルトガル	12.2	0.1
19	オーストリア	12.2	0.1
OECD平均		12.1	—

（注）男性所得の中央値と女性所得の中央値の差で測定。フルタイム雇用者対象

出所：OECD　2024年1月15日公表値（https://www.oecd.org/）より筆者作成

で生まれるか、女性で生まれるかによって、同じ会社員になったとしても大きな所得格差が発生する。このように男女の経済力のアンバランスが顕著な韓国の出生率は、2023年には0・72（暫定値）まで落ち込み、最低値を更新し続けている。女性1人当たりが生涯に産む子どもの数が1を切る、すなわち、女性人口の再生産さえままならないという状況に置かれているのである。

ワースト2位のイスラエルは典型的な軍事国家であり、2024年4月現在もパレスチナとの戦争が続いている「紛争」を抱えた国である。戦争下においては女性人口の数を失うことは民族（文化）の未来をより早く失うことにつながるため、男性よりも女性を外に出さないことによって数を可能な限り減らさないようにする発想が社会の正義となりやすい。現在の先進諸国においても、かつての大戦下においては専業主婦という存在が発生していたが、平和な社会が構築されるにつれて減少していった。

3位のラトビアはロシアに隣接した国である。大戦後、ソヴィエト連邦の崩壊とともに周辺諸国の独立機運が高まり、1993年にはロシア軍の完全撤退が完了した。それとともに同国の徴兵制は2007年に一度終了している。しかし、2022年2月にロシアによるウクライナ侵攻が始まったことによって戦争に巻き込まれる危機に再びさらされたことから、2023年4月の法改正によって、18～27歳までのすべてのラトビア人（女性は任意）を対象とする徴兵制が再導入されることとなった。これまた軍事色の強い（地理上、強くならざるをえない）緊迫した国家である。

5位のキプロスは旧イギリス領で1960年にイギリスより独立したものの、独立後まもなくギリシャ系住民とトルコ系住民の間で衝突が激化し、南北問題としていまだに和平が成立していない。6位のエストニアも、ラトビアと同様にロシアに隣接しており、リトアニアとともに「バルト3国」として1990年代にロシアから独立した国家である。反ロシア色が明確で、現在、ウクライナ支援の第一線に立っている国である。人道面では人口比でみてヨーロッパ1位の難民受け入れ数をはじめとする支援を行うとともに、軍事面ではGDP比1％以上に相当する支援を実施している。

以上の説明（注2）から察した読者も少なくないと思うが、これら5カ国はいずれも緊迫した国境問題や、隣国と戦争または紛争中であるなど、平和面で大きな問題を抱えている。実は日本は、これほど平和な国であるにもかかわらず、OECD加盟国のなかで軍事的緊張下に置かれた国々と肩を並べるような立ち位置で、男女の大きな賃金格差を維持しているのである。

大戦後80年近くが経過し、世界に向けて平和な先進国をPRしている日本であるが、その実態はいまだに**戦争国家に顕著な家族価値観と就労価値観に伴う男女の賃金格差を引きずり続けている国**ともいえる。

しかし、そのような軍事国家にみられる家族・就労価値観が、今どきの先進国的な教育や法制度を享受している日本の若者たちに合う（受け入れられる）はずもない。教育・法律と雇用価値観とのダブルスタンダードな社会の狭間で、若い世代の家族形成が停滞している、と考えると腹落ち感があるのは筆者だけではないだろう。

なぜこのような古い価値観がいまだに蔓延する状況に日本があるのか。先進国のなかでもハイスピードで高齢化が進行し、**中高年層がマジョリティー化している人口構造**が前提にある。

国勢調査によると、2020年の段階で、地方部は10歳階級でみて、70代が最も多いエリアが大半である。5歳階級でより正確にいうならば、70歳前後の人口が多い。この70歳前後の人口は、1950年代の出生人口となる。第2次世界大戦の終戦は1945年であるから、彼らの両親は戦争直後ともいえる時代に結婚した男女である。当時は、結婚適齢期の男性人口が戦争によって女性よりも多く欠損していたことにより、結婚においては男性人口が尊重される傾向の社会であった。そして、戦争という環境は「男は外、女は中」という環境を作り出すので、その価値観に違和感がない男女が、今の70歳前後がみて育った親の姿といえる。それを考えると、70歳前後の価値観が多数派となっている地域が多くを占める日本において、OECD加盟国ワースト4位の男女賃金格差が堅持されていることに不思議はない。

Column

知っておきたい賃金格差問題

コロナ禍でみえた「夫婦間交渉力」

コロナ禍を端緒として在宅勤務が日本でもようやく東京都を中心に普及した。満員電車で平均片道50分といわれる首都圏の非効率的な通勤時間が緩和されたことは、日本が持つGDPの時間生産性の低さという課題を幾分緩和する方向に効果的だったといえる。首都圏の大企業では、都心の本社オフィス売却や、正社員数に対して席数を7割程度に削減してフリーアドレス制を導入し、事実上の出社制限をかけるといった、コロナ禍を契機とはするものの、コロナ後も変更しないリモートワーク化のための改革が実施された。コロナ禍という有事を活用して「出社大好き日本企業」体質へのテコ入れが行われたといえる。

ただ、コロナ禍による在宅勤務の増加によって、明るみになった男女の賃金格差問題がある。正社員の夫婦がともに（フルまたは一部）在宅勤務に移行したケースにおいて、賃金格差が賃金の低いほうへの無言の圧力になるケースが浮き彫りとなった。実際に筆者が見聞した事例をあげてみたい。

就労時間は同じ9～17時で、子どもがいる家庭において、「なぜか妻ばかりが保育園で発熱した子どもを迎えにいき、クリニックに駆け込む」「夫婦ともに在宅であっても、宅配の荷物を夫が受け取らない」「炊事洗濯はすべて妻が行っていて、夫は会社に出社しているときと行動変容がまったくない。昼ご飯は当然妻が提供することとなっている」といったケースである。「小さな子どもを保育園に、大きな子どもを自宅に抱える」という状況を女性労働者が抱える形となり、家庭内において、妻側の身体的、精神的負担が強まった、というケースも少なくなかった。

顕著な事例では、妻が出社して、夫が在宅している日にもかかわらず、夫は何かと理由をつけて子どもの送迎、発熱時の対応などを行わず、すべて妻が奔走するという訴えもあった。筆者が知る限りにおいて、そのような夫婦の賃金格差は大きい傾向にある。男女関係なく、1日24時間しか与えられていないなかで、企業に拘束されている勤務時間が同じであるならば、どちらも均等、もしくはそれぞれの人権を配慮したうえで、相談をして家事への参加度合いを決定するべきである。しかし、そこに話し合いはなく、賃金が低い立場にある妻が家事・育児について負担を負うことが当然となってしまうのである。

このような男女の賃金格差が夫婦間の支配・被支配構造を生み出す現象を経済学の分野でも「夫婦間交渉力」問題として扱っている論文が複数ある（注3）。

3 アンコンシャス・バイアスに気づくことの大切さ
――令和時代の若者の「理想の2人」を叶える社会に

データからはいまだに大戦後であるかのような家族価値観・就労価値観が強く示される日本。しかし、**出生につながる婚姻を発生させる30代前半までの年齢の男女の理想の夫婦像は、50代以上の「かつての若者たち」の理想とは真逆**のトレンドにある（前掲の図表2－3参照）。

若者たちの最も理想とする夫婦像に雇用を近づけることが、実は日本が世界から指摘されている男女の人権格差問題に対応することにもなる。若者たちの理想は中高年世代よりも国際的に理想とされている男女像に近いのである。現在の日本の若者の幸福感はグローバルスタンダード、といってもよいだろう。

世界経済フォーラム（注4）では、経済、教育、保健、政治の分野ごとにデータをウェイトづけして、各国の総合的なジェンダー・ギャップ指数（GGI）を算出している（図表7－4）。指数0が男女完全不平等な状態、1が男女完全平等な状態を表している。格差を指標化

図表７－４　ジェンダー・ギャップ指数（2023年）

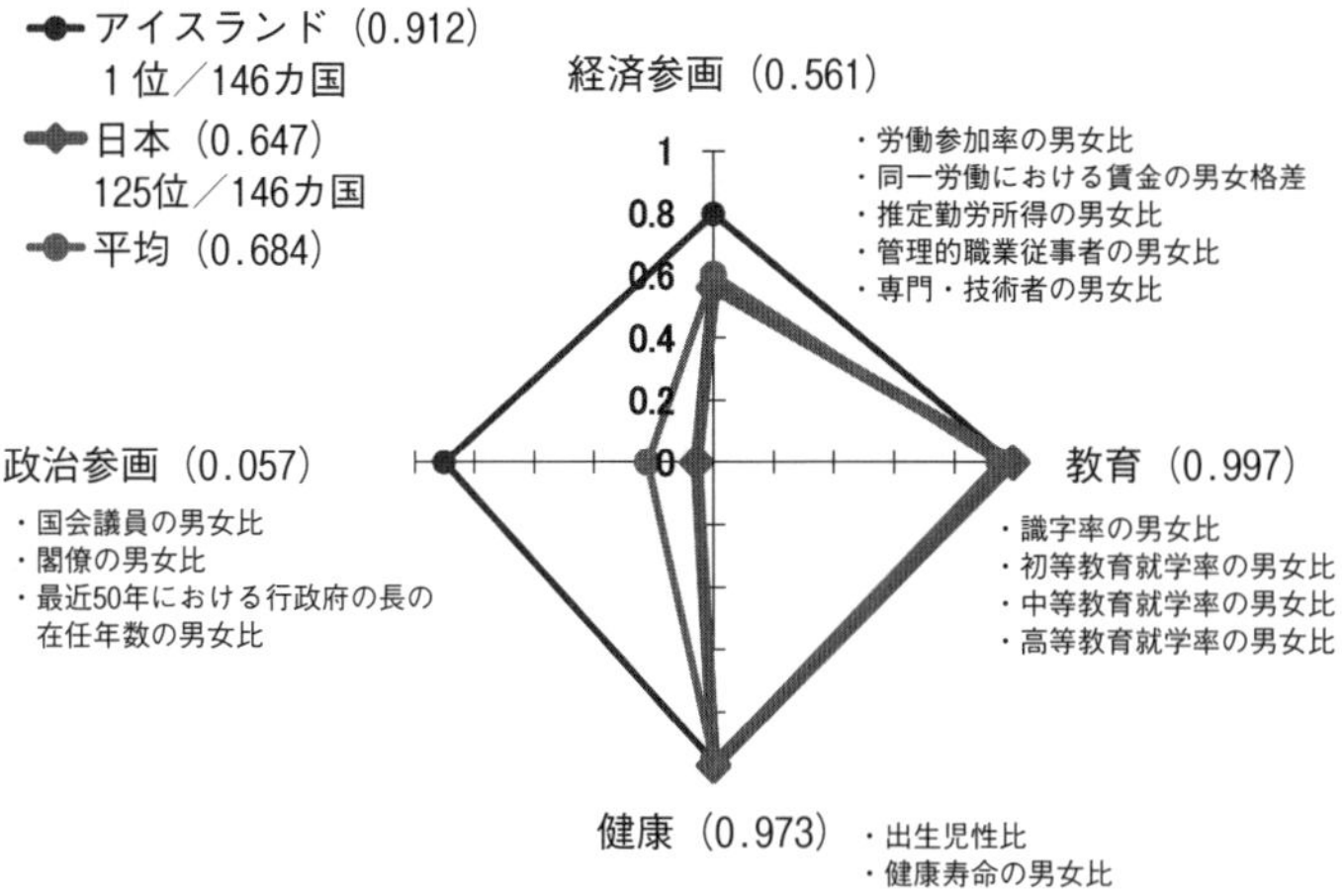

順位	国名	値
1	アイスランド	0.912
2	ノルウェー	0.879
3	フィンランド	0.863
4	ニュージーランド	0.856
5	スウェーデン	0.815
6	ドイツ	0.815
15	イギリス	0.792
30	カナダ	0.770
40	フランス	0.756
43	アメリカ	0.748
79	イタリア	0.705
102	マレーシア	0.682
105	韓国	0.680
107	中国	0.678
124	モルディブ	0.649
125	日本	0.647
126	ヨルダン	0.646
127	インド	0.643

出所：内閣府男女共同参画局ホームページより作成

することで、国際間の比較を可能としている。

日本は2023年の総合ランキングで146カ国中125位と非常に低い順位となっている。下位14％（およそ7分の1）に位置しており、総合ランキング順位の低さの主因が、経済参画（123位）と政治参画（138位）における順位の低さである。

日本の男女格差は韓国、中国といった、「日本よりもっと男女差がひどそう」と一般には思われていそうな国々よりも大きく劣後していると世界から評価されている。

「そんなばかな。これでもずいぶんと日本は変わったぞ」と思う読者も少なくないだろう。

しかし、我々が気づかねばならないのは、世界はもっとスピーディーに変化している、ということである。

筆者は人口動態という研究分野上、地方講演に赴く機会が非常に多い。その際、「えっ、そんなに女性が地元から出ていっているのですか？　これでも女性にとってずいぶん環境はよくなったと思うのですが……」といった声を聴講した中高年女性から耳にすることは少なくない（男性はそう思っていても、筆者に面と向かってはさすがにいいにくいのだろう。また、若い女性からこういった声を聞くことはない）。

このような「前よりずいぶんとましなのに」という捉え方こそが、アンコンシャス・バイアスからくるものであり、曲者である。この「前よりずいぶんとましなのに」の後には「そこまで深刻なことだろうか」「そんなことくらいで、どうしてそんなにも若い女性が地元を出ていくのだろう」「そんなに嫌がることだろうか」などが続くと思われる。

あくまでも自分たちがこれまで長く経験してきた経済環境、政治環境における幸福感などの価値観を「普通」として、それよりよくなったからよいではないか、とする立場に立脚した言葉である。相手の考えや立場からは述べていない。

さらにいうならば、中高年にとっての「前より」は、これから就職を迎える、結婚適齢期にある男女、すなわち日本の人口の未来を支える年齢ゾーンにある男女からみれば、短くて10年前、だいたいは30年から40年前の話である。いわば浦島太郎的な幸福感や「普通」で相手を理解・説得しようとしている、もしくは自分が納得しているにすぎないことに気がつかねばならない。

そもそも論になるが、世界経済フォーラムが提唱しているのは、性差関係なく一人ひとりがその能力を活かすことで課題解決が行われ、世界情勢が改善することである。日本が中国より豊かであるのか、ないのか、あの国よりは豊かだから格差があってもよいのだ、といった話ではない。

生まれた性によってその社会的存在が「その程度でよいではないか。前よりよくなったのだし」という考え方に縛られていないかを問いかける指標でもあり、「こんなに変わったのに」

「前よりまし」などという発言は、格差問題を根本的に理解できていないゆえの発言といってもよいだろう。

日本の「男に比べて女はこの程度でよいのではないか」という考え方（社会環境）は、世界経済フォーラムによれば、モルディブ、ヨルダン、インドと同等レベルである。

図表7−4は、日本では男性と劣らない健康と教育水準にある女性が、いまだ男性の6割未満の経済参画にとどまっていることを意味している。IT企業でたとえるならば「優秀なプログラミングスキルを持つ女性が入社してきたが、将来的な出世は男性の6割程度となっても、まあ、女性あるあるでおかしいとは思わない（どうせ出産後は夫に食べさせてもらうんだろうし）」といった具合である。

このような**人材活用に問題がある指標のレッテルを持つ日本は、このままでは少子化による人口減だけでなく、人材活用面においても世界に大きく劣後し、衰退していく**だろう。人口の半分をも占める女性を活かせないということは、本気で国の生産性を向上しようという気はないといっているに等しい。

「うちのエリアの企業は、皆ぎりぎりでやっているんです。だから、女性活躍なんて余裕はないんです」

「女性はパート主婦が多い。彼女たちは本当は専業主婦になりたいけれど仕方なくやっているので、お金をあげて家に入れるようにすればいいんです（そうすればもっと子どもを産むはず）。共働きのほうが子どもを産むというけれど、働くのは本望ではないでしょう」

これらの意見を寄せてきたのは、自分たちは極めて紳士で、社会や女性に優しい立場のつもりの人々であった。

アンコンシャス・バイアスに悪意はない。

悪意がないからこそ、アンコンシャスなのである。ゆえに気づくことも改善することも遅れがちとなる。

日本に訪れる外国からの観光客は口々に日本人のことを「優しい」「礼儀正しい」と語る。悪意がなく、優しい日本人に大きく欠けてきたのは、心ではなく、「正確なデータを読み解くための知識」「エビデンスとともに語ることの重要性の認知」「統計的な実態を知る機会」であると筆者は信じている。

そして**少子化対策において、我々が戦うべきモンスターは人口構造上、その発生が顕著となっている中高年世代が持つ「アンコンシャス・バイアス」**である。

本書によって、**少子化に関するデータに基づいて人口減の実態を正確に知り、時代の変化や**

自身の思い込みの強さに気づいていただくことで、1人でも多くの読者が自らのアンコンシャス・バイアスに対峙する機会を得られることを願ってやまない。

（注）

1　傾向として、西日本では70代人口が最も多く、東北以北では60代が最も多くなる。東北地方以北は全体的に平均寿命が短いことが影響し、60代が最多世代となりやすい。第5章で取り上げた秋田県も、60代が最多世代である。

2　ＯＥＣＤ加盟国の説明についての詳細は、外務省ホームページによる各国の解説を参照した。

3　開発経済学の専門家として途上国の研究を実施している関西学院大学経済学部の栗田匡相教授などが研究成果を発表している。

4　１９７１年設立。世界の官民学ならびにリーダーが参画し、世界、地域、産業の各分野の課題を解決し、世界情勢の改善に取り組むことを目的とした非営利国際機関。本部はスイスのジュネーブ。

終わりに

2024年は元日に能登半島地震が発生し、翌2日には羽田空港で飛行機の衝突事故があり、波乱の幕開けとなった。石川県の少子化対策アドバイザー（2023年度）、富山県の県政アドバイザー（2023年度以降）を拝命している身として、つい数カ月前に訪れた（富山県は8月に、石川県は11月に講演会で県庁や県立図書館などを訪れたばかりであった）地の風景や面会した人々の顔を思い出し、心痛に堪えない。被災地域の多くはもともと人口減少が大きく進行しているエリアであり、この地震がそれに拍車をかけないか心配している。迅速な救済と復興計画の策定を強くお願いしたい。

日本の出生数は半世紀で6割減となった。本書内でも解説したように、最もハイスピードで出生減が進む秋田県などは8割減である。出生減は、日本全体においては、若者たちが生まれ育った家族を巣立ち、新たな家族を形成するという「結婚（マッチング）」が半世紀で6割減した結果であり、地方においては、生まれ育ったエリアで社会人となることを若者たち（特に女性）が選ばなくなっていることが、婚姻減に拍車をかけている結果となっている。

このような出生減の真因データを日頃から伝え歩いている自分としては、この大災害を目の当たりにして、我々に「日本人として生きていくこと」への意思と、そのための「変革への決意」を天に問いかけられているかのような感覚を覚えている。

人間が生きていくうえで「常識」というものはとても大きな存在である。それに従うことで誰もが数多くの人生の選択・行動の判断を成功させてきた。そのため自分が習得し実践してきた「常識」は覆しにくく、それに異議を唱える者に対しては強い拒否反応を示すことになる。

しかし、日本で発生している急激な未婚化からの少子化（＝人口減）という事象への対策の視点に立つならば、結婚を希望している若者たちにとって、その先人たる親世代、祖父母世代である中高年の「常識」は、ほぼ当てはまらないといわざるをえない。親の背中、先人の男女の2人の在り方が「そのままですばらしい」「ぜひ見習いたい、踏襲したい」「そんな2人になりたい」ものであれば、ここまでの未婚化は進んでいないはずだからである。

さらに、そのことを人口マジョリティーである中高年は、素直に受け止めようとしていない。たとえば地方創生において「教育プログラムの見直し」という言葉をよく耳にする。地元のすばらしさを子どもたちに教えてあげよう、というものである。ある県の商工会議所会頭が筆者の分析した若者流出に関するデータを目の当たりにしたあと、あわてて各自治体に「若者を惹きつけるために何をしているのか」を尋ねたところ、「地元のよさを教える教育プログラム」との返事が戻ってきて頭を抱えていた。あくまでも自分たちは変わることがなく、「相手が無知であるから（相手がわかっていないから）地元に残らないのだ」という視点に立った回答となっているからだ。

これを結婚に当てはめるならば、離婚された相手に対して「私のよさがわからなかった相手の問題である。相手の理解力が悪いのだが、私が思う私のよさを教えてあげれば考え直すかもしれない」という発想である。見様によっては極めて独善的な発想だが、日本の少子化対策も地方創生策も、一事が万事、このようなスタンスに立っているようにみえる。

東北地方出身で首都圏に就職している20代前半女性に「地元のよさを説く教育プログラム」について問いかけたところ、「町長が学校にやってきて、みんなで地元を盛り上げましょう、みたいな演説をしていきました。私はつまらなすぎて寝ていましたけれど」と笑いながら言葉を返された。

このような上から目線のやり方がまかりとおっている状態にいい加減気がつかないと、日本の中高年によるアンコンシャスな若者へのモラルハラスメントは止まらないだろう。人口構造がどんどん高齢化していくなかで、むしろ今後、悪化さえするかもしれない。だからといって多様性教育を受けている若者たちは我々中高年に怒ることなく、「そういう考えなんですね」と理解を示して、ほほえみながら合わない場を去っていく。合わない人とはつながらないだけである。つながらない結果、我々はいつまでたっても若者たちの要望を汲むことはできず、ただ時間だけがたっていく。

今回の能登半島地震に関するネットニュースに対するコメントのなかに、能登半島ではないものの、同様の震災があれば家の倒壊は免れないと考えている、高齢者とみられる方の書き込みがあった。「私の家は築100年もたっていて、耐震基準も満たしていないし、地震がくればひとたまりもない。自分はここで死んでも仕方がないと思っているが、こんなことになるなら、年末年始、子どもたちにも孫たちにも、もう帰ってきてほしいなんて思わない。帰ってこなくてよいから、安全な場所で幸せに生きてほしい」というものである。

若者たちの命を尊重し、実家に顔をみせにきてくれようとする子どもたちの思いやりを断ろうという、「命の承継」への願いにあふれた決意のコメントに、思わず涙がこみあげた。

また、年始の飛行機の衝突事故では、煙が充満する機内で、若者に通路を譲る老夫婦の姿もあったという。

このような例でもわかるとおり、中高年層は決して若者を無視したり、モラハラで追いやったりするつもりはない。大事にしたいという気持ちを持ちながらも、ただ、やり方をまちがえているだけなのだ。

大戦後80年近く戦争がなく、移民も少なく「民族の危機」を感じにくいこの島国には、残念ながら平和ボケともいえる時代錯誤な「過去の常識」がいまだまかりとおっていて、その結果、気がつけば少子化・人口減少の道をばく進し、地方から順番に町が消滅していく、「国の萎縮化」の真っただ中にいる。こういう社会では、年金制度の破綻や上下水道などの行政サービスの破綻はもちろん、衣食住あらゆる面で従来のシステムが崩壊していくことになる。そうなると、さらに人口減少に拍車がかかる悪循環に陥り、取り返しがつかなくなるだろう。

ただ、まだ手遅れという状況にはないと思う。現実を直視し、発想を変えて、直ちに行動に移せば、このような悲劇的な国にならなくてすむかもしれない。そのためには人口マジョリティーである中高年層の意識改革が極めて重要である。まずは、昔取った杵柄や社会に蔓延する何となくの「常識」に頼ることをやめ、若者を管理・支配しようとする発想をアンコンシャスなものも含めて排除したい。人口マイノリティーとなった若者の希望や考えに寄り添い・確認し、彼らの側に立って彼らの役に立てないか、よもや家族形成につながる諸々のステップで彼らの邪魔をしていないだろうかと考えを巡らせる。超高齢社会において人口の数の論理で押し切ることの弊害の大きさに気づくことができる、そんな中高年にならなくてはならない。

そのような新たな「常識人」が1人でも多く増えることを強く祈念し、本書を締めくくりたい。

まちがいだらけの少子化対策

——激減する婚姻数になぜ向き合わないのか

2024年7月11日　第1刷発行
2024年12月10日　第2刷発行

著　者　天　野　馨南子
発行者　加　藤　一　浩

〒160-8519　東京都新宿区南元町19
発　行　所　一般社団法人 金融財政事情研究会
出　版　部　TEL 03(3355)2251　FAX 03(3357)7416
販売受付　TEL 03(3358)2891　FAX 03(3358)0037
URL https://www.kinzai.jp/

カバーデザイン：渡邉雄哉（LIKE A DESIGN）
印刷：株式会社太平印刷社

ISBN978-4-322-14446-8